全国革命老区县发展史丛书·广东卷

汕尾红海湾经济开发区革命老区发展史

汕尾红海湾经济开发区革命老区发展史编委会　编

SPM 南方出版传媒·广东人民出版社

·广州·

图书在版编目（CIP）数据

汕尾红海湾经济开发区革命老区发展史／汕尾红海湾经济开发区革命
老区发展史编委会编. —广州：广东人民出版社，2021.1
（全国革命老区县发展史丛书·广东卷）
ISBN 978-7-218-14623-2

Ⅰ．①汕…　Ⅱ．①汕…　Ⅲ．①汕尾—地方史　Ⅳ．①K296.54

中国版本图书馆 CIP 数据核字（2020）第 232311 号

SHANWEI HONGHAIWAN JINGJI KAIFAQU GEMING LAOQU FAZHANSHI

汕尾红海湾经济开发区革命老区发展史

汕尾红海湾经济开发区革命老区发展史编委会　编　　版权所有　翻印必究

出　版　人：肖风华

责任编辑：胡艺超
责任校对：林　俏
装帧设计：张力平等
责任技编：吴彦斌　周星奎

出版发行：广东人民出版社
地　　址：广州市海珠区新港西路 204 号 2 号楼（邮政编码：510300）
电　　话：(020) 85716809（总编室）
传　　真：(020) 85716872
网　　址：http://www.gdpph.com
印　　刷：广州市浩诚印刷有限公司
开　　本：715mm×995mm　1/16
印　　张：17.875　　插　页：8　　字　数：280 千
版　　次：2021 年 1 月第 1 版
印　　次：2021 年 1 月第 1 次印刷
定　　价：68.00 元

如发现印装质量问题，影响阅读，请与出版社（020-85716849）联系调换。
售书热线：(020) 85716826

广东省编纂《革命老区县发展史》丛书
指导小组

组　长：陈开枝（广东省老区建设促进会会长）

副组长：林华景（广东省老区建设促进会常务副会长）

　　　　宋宗约（广东省农业农村厅二级巡视员、广东省老
　　　　　　　　区建设促进会副会长）

　　　　刘文炎（广东省老区建设促进会副会长）

　　　　郑木胜（广东省老区建设促进会副会长）

　　　　姚泽源（广东省老区建设促进会副会长兼秘书长）

　　　　谭世勋（广东省老区建设促进会副会长）

　　　　廖纪坤（广东省农业农村厅总经济师）

办公室

主　任：姚泽源（兼）

副主任：韦　浩（广东省农业农村厅扶贫协作与老区建设处
　　　　　　　　处长）

　　　　柯绍华（广东省老区建设促进会副秘书长）

　　　　伍依丽（广东省老区建设促进会副秘书长）

汕尾市编纂《革命老区县发展史》丛书
指导小组

组　长：王世项

副组长：许　古　陈永宁　马世珍

领导小组下设办公室

主　任：陈保壮

成　员：李如强　陈锦环　彭　仲　陈　发
　　　　陈慧兰　陈伟健　王冠钦

汕尾红海湾经济开发区革命老区发展史
编纂委员会

2018 年 5 月成立汕尾红海湾经济开发区革命老区发展史编纂委员会，因人员工作变动，2019 年作了调整。

2019 年 1 月之前

顾　　问：吴城鑫

主　　任：王维斌

副 主 任：刘思文　庄雪峰

2019 年 1 月至今

顾　　问：卓雄峰

主　　任：卓江广

副 主 任：刘思文　庄雪峰

成　　员：（按姓氏笔画排序）

　　　　　邓绍汉　冯宇生　刘天安　刘礼泽　李盛吉

　　　　　吴家宾　陈留民　林　杭　高远腾　黄少军

　　　　　彭武宽　蒋苏平　谢锡城　颜常青

特邀顾问：吴华南　王世顶

学术顾问：潘家懿

在举国欢庆新中国成立 70 周年前夕，中国老区建设促进会王健会长请我为《全国革命老区县发展史》丛书作序，作为一名在老区战斗过并得到老区人民生死相助的老兵，回首往事，心潮澎湃，感慨万千，深感义不容辞，欣然应允。

中国革命老区，是以毛泽东为代表的中国共产党人在领导人民推翻帝国主义、封建主义和官僚资本主义三座大山，争取民族独立和人民解放伟大斗争中建立的革命根据地，在这片红色的土地上，诞生了无数可歌可泣的革命英雄儿女，为后人树起了一座不朽的丰碑，她是新中国的摇篮，是党和军队的根。

在艰苦卓绝的战争年代，老区人民把自己的命运与中华民族的命运紧紧地联系在一起，与中国共产党和人民军队的命运紧紧地联系在一起，他们生死相依，患难与共。我曾亲历过战争年代，并得到过老区红哥红嫂的救助，切身感受到发生在身边的一幕幕撼天动地的革命故事，在那极其艰难的条件下，老区人民倾其所有、破家支前，不怕艰难困苦，不怕流血牺牲。"最后一碗米送去做军粮，最后一尺布送去做军装，最后一件老棉袄盖在担架上，最后一个亲骨肉送去上战场"，这是当时伟大的老区人民为建立新中国做出巨大牺牲的真实写照，它将永远镌刻在中国共产党、中国人民解放军、中华人民共和国的历史丰碑上。他们的光辉业绩永载史册，他们的革命精神必将影响一代又一代的革命新人，造就一代又一代的民族脊梁。

在社会主义革命和建设时期，革命老区和老区人民响应党的号召，面对落后的面貌、脆弱的经济、恶劣的生态环境，他们本色不变，精神不丢，自力更生，艰苦奋斗，干一行爱一行。始终坚持"革命理想高于天"，自觉做共产主义远大理想的坚定信仰者和忠实实践者，勇于向恶劣的自然环境和贫穷落后宣战，他们在各条战线上为国建功立业，用平凡的双手创造了一个又一个不平凡的奇迹，彰显了老区人的崇高精神和人格力量。

在改革开放的伟大进程中，老区人民解放思想，勇于创新，发奋图强，攻坚克难，老区的经济社会建设取得了辉煌成就。特别是在改变中国的面貌、中华民族的面貌、中国人民的面貌、中国共产党的面貌的伟大实践中发挥了至关重要的作用。老区人民既是改革开放的参与者，也是改革开放的推动者。

艰苦练意志，危难见精神。老区人民在近百年的革命战争、社会主义建设和改革开放的伟大实践中，孕育形成了伟大的老区精神：爱党信党、坚定不移的理想信念；舍生忘死、无私奉献的博大胸怀；不屈不挠、敢于胜利的英雄气概；自强不息、艰苦奋斗的顽强斗志；求真务实、开拓创新的科学态度；鱼水情深、生死相依的光荣传统。这是党和人民宝贵的精神财富、丰厚的政治资源，是凝心聚力、振奋民族精神的重要法宝，也是社会主义核心价值观的重要内容。

中国老区建设促进会怀着强烈的政治责任感和历史使命感，组织全国各地老促会人员克服困难，尽心竭力编纂《全国革命老区县发展史》丛书，记录老区的光辉历史和辉煌成就，传承红色基因，弘扬老区精神，是功在当代、利及千秋的一件大事。手捧这部丛书的部分书稿，读着书中的故事，倍感亲切，深感这部丛书具有资政、育人、存史的社会功能，有着重要的时代和历史价值。它是不忘初心、牢记使命的源头活水，是赞颂共产党、讴歌老区人民的一部精品力作，是弘扬老区精神、传承红色记忆的丰厚载体，是一项继承优秀传统文化、弘扬革命文化、发展社会主义先进文化，坚定"四个自信"的宏大文化工程。它必将成为一种文化品牌，为各界人士了解老区宣传老区支持老区提供一部有价值的研究史料。希望读者朋友们能从中了解并牢记这些为党和民族的利益不断奉献的老区人民，从中得到教益，汲取人生奋斗的精神动力。

新时代赋予新使命，新起点开启新征程。让我们更加紧密地团结在以习近平同志为核心的党中央周围，坚持以习近平新时代中国特色社会主义思想为指导，增强"四个意识"，坚定"四个自信"，做到"两个维护"，弘扬老区精神，铭记苦难辉煌。为实现"两个一百年"奋斗目标，实现中华民族伟大复兴的中国梦作出新的更大的贡献！

遇湾田

2019 年 4 月 11 日

2017年6月，中国老区建设促进会组织全国各地老促会启动编纂《全国革命老区县发展史》丛书，按照"建立中国共产党、成立中华人民共和国、推进改革开放和中国特色社会主义事业"三大里程碑的历史脉络，系统书写革命老区百年历史，深入挖掘革命老区红色文化资源，这对于充实丰富中国革命史籍宝库、在新时代传承红色基因、弘扬革命精神、强固根本，对于激励人们在新的历史条件下夺取中国特色社会主义伟大胜利，实现中华民族伟大复兴的中国梦具有重要意义。

丛书编纂以习近平新时代中国特色社会主义思想为指导，以《中国共产党历史》《中国共产党的九十年》等重要文献为基本依据，以党的领导为核心，以老区人民为主体，以老区发展为主线，体现历史进程特征，突出时代发展特色，坚持辩证唯物主义和历史唯物主义相统一、历史真实性与内容可读性相统一的原则，书写革命老区从站起来、富起来到强起来的光辉革命史、不懈奋斗史、辉煌成就史，把老区人民的伟大贡献、伟大创造、伟大成就、伟大精神充分展示出来，形成一部具有厚重历史特征和鲜明时代特色的精品力作。这是一部培根铸魂、守正创新，既为历史立言，又为时代服务，字里行间流淌着红色血脉、催生着革命激情的传世之作。丛书的编纂出版将成为讴歌党讴歌人民讴歌时代、传播红色文化、为革命老区和老区人民树碑立传的重要载体。

从书按照编年体与纪事本末体相结合、以编年体为主的编写体例确定框架结构；运用时经事纬、点面结合的方式记述史实；坚持人事结合、以事带人的原则处理人与事的关系；采取夹叙夹议、叙论结合以叙为主的方法展开内容。做到了史料与史论、历史与现实、政治与学术统一，文献性、学术性、知识性相兼容。

为编纂好《全国革命老区县发展史》丛书，打造红色文化品牌，中国老区建设促进会认真组织积极协调，提出政治立场鲜明、史料真实准确、思想论述深刻、历史维度厚重、时代特色突出、编写体例规范、篇目布局合理、审读把关严格、出版制作精良的编纂出版总要求，力求达到革命史籍精品的精神高度、思想深度、知识广度、语言力度，增强丛书的权威性和社会影响力。各省（区、市）、市（州、盟）、县（市、区、旗）老促会的同志，以强烈的使命感、责任感和紧迫感，勇于担当，积极作为，认真实施，组织由老促会成员、专家学者等参加的十余万人编纂队伍。编纂工作主体责任在县，省、市组织协调、有力指导、审读把关。各方面人员以高度负责的精神和科学严谨的态度，满腔热情地投入工作，为丛书编纂出版做出了重要贡献。丛书编纂工作还得到了党和国家有关部委、地方各级党委政府及有关部门的大力支持和积极参与，社会各界也给予了热情帮助。中共中央政治局原委员、中央军委原副主席、原国务委员兼国防部长迟浩田上将，对老区人民怀有深厚感情，对革命老区建设发展十分关注，欣然为《全国革命老区县发展史》丛书作总序。

丛书由总册和1599部分册（每个革命老区县编纂1部分册）组成，共1600册。鉴于丛书所记述的史实内容多、时间跨度长和编纂时间紧，不妥之处，敬请批评指正。

中国老区建设促进会

● 文物古迹 ●

在田墘镇三坨出土的新石器时代晚期的玉琮、玉环（陈锤摄于海丰博物馆）

郑成功之妹郑祖禧妈祖庙旧址（陈锤供图）

遮浪炮台（陈锤供图）

海丰县第七区（田墘）苏维埃政府旧址（陈锤供图）

红海湾遮浪古炮台（陈锤供图）

红海湾遮浪古炮台（兵房）（陈锤供图）

红海湾抗日英烈陵园（陈锤供图）

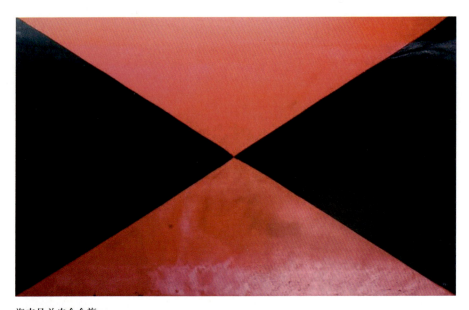

海丰县总农会会旗
1923 年，彭湃为海丰县总农会设计会旗，会旗图案由黑红两色四分对角拼合而成，表示农民破除乌红旗内部对立，全县农民团结一致，共同抗敌（陈锤供图）

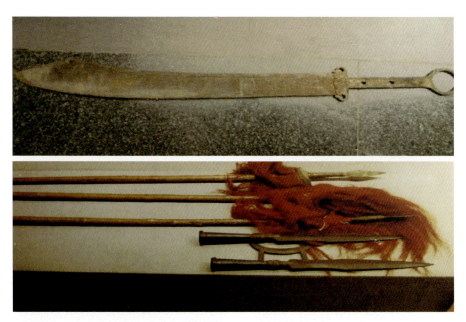

农会会员、赤卫队队员使用的兵器（刘文杏摄于田垱抗日英烈陵园）

合作军军号（刘文杏摄于田垱抗日英烈陵园）

● 革命先锋 ●

程子华，曾参加保卫海陆丰苏维埃政权的斗争；中华人民共和国第一任民政部部长，第五、第六届全国政协副主席（陈锤供图）

曾生，曾任东江纵队司令员；1955 年被授予少将军衔（陈锤供图）

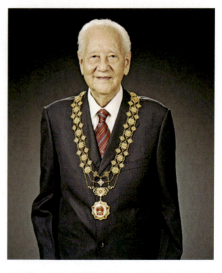

王作尧，曾任东江纵队副司令员兼参谋长；1955 年被授予大校军衔；1957 年 6 月被授予一级独立自由勋章（陈锤供图）

黄旭华，中国工程院院士、共和国勋章获得者（红海湾区党政办供图）

● 关怀鞭策 ●

2018 年 12 月 5 日，广东省老促会会长陈开枝在汕尾市老促会会长王世顶陪同下，在汕尾红海湾经济开发区调研（谢基贤供图）

2018 年 1 月 25 日，中共中央党史研究室同志在汕尾市党史研究室主任莫春云陪同下在红海湾考察革命遗址（红海湾区党政办供图）

● 重大活动 ●

1996 年 11 月，亚太地区帆板锦标赛暨奥运精英赛在红海湾举行（红海湾区旅游局供图）

2014 红海湾沙雕节（红海湾区旅游局供图）

● **老区发展** ●

汕尾红海湾发电厂
（汕尾红海湾发电厂
供图）

红海湾风力发电场（红
海湾区旅游局供图）

"全国文明村镇"——
田寮村（遮浪街道田
寮村委会供图）

广东省红色村庄东
尾村新貌（遮浪街
道东尾村委会供图）

渔业丰收（陈锤供
图）

农业丰收（陈城钦
2019 年 8 月摄于遮
浪东尾村）

● 旅游景观 ●

"粤东麒麟角"（陈锤供图）

海滩浴场（陈锤供图）

红海湾遮浪合港夕照（陈锤供图）

灯塔岛（陈锤供图）

红海湾遮浪南海寺
（陈锤供图）

红海湾遮浪南海寺
景观之"雄牛探海"
（陈锤供图）

红海湾麒麟舞（陈
锤供图）

● 戏剧文化 ●

西秦戏（陈锤供图）

白字戏（陈锤供图）

● 饮食文化 ●

清蒸龙虾

热炒海胆

清炖鲍鱼

蒜蒸对虾

红海湾美食（陈锤供图）

清蒸石斑鱼

白焯濑尿虾

白焯甜螺

清蒸螃蟹

白焯苦螺

上汤马鲛丸

辣炒"男女"

红海湾美食（陈锤供图）

微信扫描二维码
您立即开展本书的
延伸阅读。

广东汕尾红海湾经济开发区（原为汕尾红海湾经济开发试验区）于 1992 年 11 月经广东省人民政府批准设立，现辖田墘、遮浪和东洲三个街道。

1988 年，经国务院批准，汕尾设立地级市，同时设立汕尾市城区，时红海湾区境之田墘镇与遮浪镇隶属于汕尾市城区管辖。

汕尾建市前，红海湾区境之田墘镇（含东洲）和遮浪镇，均隶属于海丰县管辖。

在中国共产党的领导下，红海湾区境（以下简称"红海湾"）的广大人民群众，与海陆丰人民一道，经过了第一次国内革命战争、第二次国内革命战争、抗日战争和解放战争的洗礼，为民族的解放事业作出了重大贡献，谱写了光辉篇章；新中国成立以后，红海湾广大人民群众在社会主义建设时期、改革开放时期以及党的十八大以来，继承光荣传统，弘扬老区精神，坚定信仰，敢为人先，坚忍不拔，艰苦奋斗，攻破一道又一道难关，取得一个又一个胜利。

习近平总书记强调，历史是最好的教科书。学习党史、国史，是坚持和发展中国特色社会主义、把党和国家各项事业继续推向前进的必修课；这门功课不仅必修，而且必须修好。

编写出版《汕尾红海湾经济开发区革命老区发展史》，具有重大的现实意义和深远的历史意义，是贯彻落实习近平总书记一系列重要批示和中办发〔2015〕64号文件精神的实际行动，是铭记光辉历史，感恩革命先辈，传承红色基因，弘扬老区精神，推进革命老区发展的需要。

我们编写出版《汕尾红海湾经济开发区革命老区发展史》，旨在如实反映红海湾革命老区人民在中国共产党的领导下，近百年艰苦奋斗的历史，不断发展壮大的历史，取得显著成绩的历史，让其发挥存史、资政、教化的应有功能。

《汕尾红海湾经济开发区革命老区发展史》的出版，为全区广大干部群众提供了一部认识区史、区情的地方教材。希望通过阅读本书，广大干部群众更好地发扬信仰坚定、敢为人先、不屈不挠、艰苦奋斗的革命精神，传承红色基因，承前启后，开拓创新，为把红海湾建设成为沿海经济带的靓丽明珠、实现中华民族的伟大复兴而努力奋斗。

美丽红海湾（陈锤摄）

一

红海湾区是名副其实的革命老区，有着光荣的革命斗争历史。

红海湾区人民历来崇仰英雄人物。史有记载，文天祥来过海丰，且谱写了气壮山河、流芳千古的英雄史诗。郑成功也曾到过红海湾。文天祥、郑成功等英雄人物精忠报国的崇高精神在红海湾人民心中留下深刻而积极的影响。正因为有先辈和英雄人物的影响，红海湾人民外御海寇，内抗苛捐，时时与狂风恶浪搏斗，长期与黑恶势力抗争，形成了信仰坚定、敢为人先、勇敢忠义、不屈不挠的高尚品德和革命精神。

在半殖民地半封建社会时期，阶级矛盾尖锐，红海湾境域人民生活极度困苦。为反抗封建压迫和外来侵略，红海湾境域人民与海丰人民一起，揭竿起义。从清代至民国时期，先后爆发了多次农民起义。其中规模较大、影响较深的有：清初的郑亚长、徐凯、郭达久等率领的农民在全县各地相继起义；顺治三年至康熙三年（1646—1664 年），以苏成、苏利为首的渔民、农民起义，反抗清廷移民缩界；嘉庆九年（1804 年），海丰、陆丰两县天地会石成链与李成玉结盟反清；鸦片战争失败后，列强压境，清廷屈膝，洪秀全起义倒清，咸丰四年（1854 年），县民黄履恭、黄殿元领导三点会数万农民起义响应，誓师"宋存庵"，随后攻克海丰县城，夺取政权，处决县令，万民踊跃，震撼南疆；光绪二十六年（1900年），三点会会首洪亚重配合兴中会领导的惠阳三洲田起义，率会友1000多人暴动；光绪三十三年（1907年）海丰同盟会成立，宣统三年（1911年）辛亥革命成功，同年11月，同盟会革命军和武装学生进驻海城，成立海丰临时军政府，结束清廷在海丰的统治。不久，辛亥革命的果实被篡夺，红海湾境域虽处于封建军阀和地主豪绅的黑暗统治之中，盗匪丛生，"乌红旗"封建械斗不止，劳苦大众苦不堪言，但爱国爱乡爱同胞、一致对敌的观念和意志却没减弱。

在第一、第二次国内革命战争时期，红海湾境域的人民，在中国共产党的领导下，在彭湃等农民运动先驱的发动组织下，为反帝反封建反压迫、建立苏维埃政权而奋起革命，和海陆丰广大人民一起开展举世闻名的农民运动，威震南疆，用鲜血谱写壮丽诗篇。五四爱国运动爆发之后，新文化、新知识、新思潮在海丰得到传播。1921年5月，彭湃从日本留学回国。起初，主张从教育入手以变革社会，解救穷人于水火。在实践受到挫折后，改道开展艰难而伟大的农民运动。1922年7月，彭湃同张妈安、林沛、林焕、李老四、李思贤等在得趣书室成立广东省第一个农民协会（简称"六人农会"）。当年10月25日，在赤山约组织成立海陆丰第一个农会。1923年1月1日，全国第一个县级农民协会（简称"农会"）——海丰县总农会在海丰县城成立，不少红海湾籍的先进分子成为其会员。1923—1927年，红海湾境域建立区、村农会54个，建立赤卫队58支，基本覆盖了全境。

1927年4月12日，蒋介石叛变革命，大肆屠杀共产党员。红海湾境域人民与海陆丰人民一起，在中国共产党的领导下，举行三次武装起义，并在红二师的配合下，于1927年11月成立了海陆丰工农兵苏维埃政府，创建了中国第一个苏维埃政权，首次实行土地革命，发展革命武装和建立海陆丰革命根据地。随着海丰县苏维埃政权的建立，时属海丰县第七区（田墘区）的苏维埃政权建立，地址设于田墘红楼。

1927年3月1日，国民党军队四面进攻海陆丰革命根据地。海丰县党政机关和工农革命军退至山区农村。1928年10月，中共在海丰朝面山成立红六军四十九团，坚持艰苦卓绝的游击战争，但在强敌的"围剿"下，至1934年终告失利。此后数年，海陆丰为白色恐怖所笼罩。而红海湾的农会和赤卫队还是保存下来，并开展一些有效的革命活动。

1937年7月，抗日战争全面爆发，民族蒙难。日军多次侵袭红海湾。在全国"一致抗日"的呼声中，在中共倡导的抗日民族统一战线政策推动下，开始了第二次国共合作。红海湾人民与海陆丰人民一道，在各地开展声势浩大的抗日救亡宣传活动，发展革命武装，组织抗日队伍，有些抗日武装于1945年2月被编入东江纵队第六支队。为了进一步加强组织领导，夺取抗日战争的全面胜利，海丰县第四区抗日民主政府在田墘湖内埔上村成立。

1945年8月，国民党又挑起内战，进攻革命根据地，屠杀共产党员和抗日军民，强制征兵征粮征税，压榨人民群众，红海湾人民又坠入苦难的深渊。在共产党领导下，1947年，红海湾人民开展了反对内战的武装斗争，成立区、乡人民自卫大队，并且在斗争中不断壮大。1949年初，中国人民解放军粤赣湘边纵队成立，不少红海湾革命青年踊跃参加这支队伍；人民自卫大队编为纵队的第五团和第六团，分别驻海丰、陆丰，配合全国解放战争，进行了圆墩阻击战、围攻汕尾、罗畲战斗等战役。随着中国人民解放军南下大军进入广东，10月11日，海丰县城再次解放。同月17日，国民党驻汕尾的海陆丰盐场公署及所属游缉队和盐警队1000多人举行了起义，活捉国民党在海丰的末任县长。12月，红海湾人民全力支持，主动配合，肃清了盘踞在龟龄岛及沿海地区的海匪，海丰县全境终获解放。

从土地革命战争、抗日战争到解放战争，红海湾是海陆丰革命根据地的重要组成部分，发挥了不可替代的重大作用。红海湾人民对党无限忠诚，信仰坚定，敢为人先，不屈不挠，浴血奋战，为海陆丰乃至全中国的革命斗争和解放事业取得胜利作出了巨大贡献和牺牲。

中华人民共和国成立后，在开展革命老区评划工作时，红海湾全区村庄基本划为革命老区。在册的革命烈士 155 人，还有数百名没有在册的革命群众惨遭国民党的杀害。在长期的革命斗争烽火中，红海湾涌现了一批党政军和各界的杰出人才，女英雄苏惠，核潜艇专家、中国工程院院士黄旭华等，就是红海湾人民优秀儿女的代表。

在数十年艰苦卓绝的斗争岁月里，彭湃、程子华、曾生、郑重等一大批老一辈无产阶级革命家都曾在红海湾领导、指导人民开展革命斗争。他们创造了光辉的业绩，留下了无数可歌可泣的事迹，永远教育和鼓舞着红海湾人民团结拼搏，开拓进取。

红海湾毗邻港澳，是粤东地区重要口岸。明清时期，因不堪忍受压迫和饥饿，有一批农（渔）民离乡背井，有的沦为海外难民。鸦片战争后，又有一批贫民卖身漂洋过海，求生于东南亚国家和港澳地区。这些海外侨胞、港澳同胞，在家乡遭受灾难的时刻，爱国爱乡，采用各种形式，支持家乡的革命斗争事业，作出了积极的贡献，功不可没。

二

红海湾的经济在曲折的道路上不断发展。

在中华人民共和国成立以前，在帝国主义、封建主义和官僚资本主义三座大山的压迫下，河山破碎，社会黑暗，红海湾的经济十分落后，人民大众过着悲惨的生活。

1949 年 10 月，红海湾全境得到解放，红海湾人民从此站起来。从 1949 年 10 月至 1977 年，在中国共产党的领导下，沿着社会主义方向，坚定信念，艰苦奋斗，尽管道路曲折，但贫困落后的面貌发生了根本性的变化，经济社会起步发展。至 1956 年，建立和发展了社会主义经济，基本完成了对农业、手工业和资本主义工商业的社会主义改造，基本实现了生产资料所有制和按劳分配，消灭了剥削制度。工业建设取得很大成就，逐步建立了独立的比较完整的工业体制和国民经济体系。农业生产条件发生显著改变，生产水平有了很大提高。灌溉面积逐步扩大，农业机械、排灌机械、化肥施用量和用电量等大大增加，粮食增产。尽管人口增长过快，仍能依靠自己的力量解决人民的温饱问题。城乡商业和对外贸易也有很大的增长，随着工业、农业和商业的发展，人民的生活有了很大的改善，城乡人均消费水平逐年提高。科教文卫体事业有较大发展。1977 年，区境全日制学校在校学生比 1952 年增长数倍。文化方面出现了一批为人民服务、为社会主义服务的优秀作品，为人民提供丰富的精神食粮。群众性体育事业不断发展。基本消灭了烈性传染病，人民的健康水平不断提高，平均寿命大为延长。

在社会主义改造基本完成以后，红海湾人民在党的领导下，从 1956 年至 1966 年"文化大革命"前夕的十年间，转入全面建设社会主义重要阶段。

由于认真执行党的八大的正确方针，1957 年是中华人民共和国成立以来红海湾境域的经济发展最好的一年。但反右派斗争被严重扩大化，造成了不好的效果。1958 年，党的八大二次会议通过社会主义建设总路线，红海湾人民在生产建设中发挥了高度的社会主义积极性和创造精神，取得了一定成绩，但由于建设经验不足，轻率地发动了"大跃进"运动，使得以高指标、瞎指挥、浮夸风和"共产风"为标志的"左"倾错误严重泛滥，后又开展了"反右倾"斗争。受此严重影响，三年困难时期，红海湾国民经济从1959年到1962年发生严重困难。1960年，党中央开始纠正农村工作中的"左"倾错误，实行"调整、巩固、充实、提高"的方针。1962年1月召开的"七千人大会"以后，为"反右倾"运动中被错误批判的部分同志进行甄别改正，给被划为"右派分子"的部分人摘掉"右派分子"的帽子。由于这些经济和政治的措施得到逐步落实，从1963年到1966年，红海湾的国民经济得到比较顺利的恢复和发展。

1966年5月至1976年10月的"文化大革命"，受全局性、长时间的严重"左"倾思想错误的影响和"四人帮"的严重破坏，红海湾的国民经济遭到中华人民共和国成立以来最为严重的挫折和损失。1976年10月粉碎"四人帮"反革命集团的胜利，使我国进入了新的历史发展时期。从这时开始到党的十一届三中全会之前的两年中，红海湾广大干部和群众以极大的热情投入革命和建设之中，文化教育工作开始走向正常，工农业生产得到较快的恢复。

1978年12月党的十一届三中全会的召开，是中华人民共和国成立以来具有深远意义的伟大转折。全会全面、认真地纠正"文化大革命"中及其以前的"左"倾错误，全会确定了"解放思想、开动脑筋、实事求是、团结一致向前看"的指导方针，果断地停止"以阶级斗争为纲"的口号，作出把"工作重点转移到社会主义现代化建设上来的战略决策"等，红海湾境域的经济又有了新的转机。

1979年4月，党中央召开工作会议，提出对国民经济实行

"调整、改革、整顿、提高"的方针。扩大对外经济合作，推行各种形式的联产计酬责任制，恢复并适当扩大自留地，恢复农村集市贸易，发展农村副业和多种经营等。在一系列方针政策的指导下，红海湾农民的积极性被较大程度地调动起来，粮食产量提高，经济作物和农副产品的生产都得到迅速的发展，国民经济有了发展，人民生活有了改善。教育、文化、卫生、体育工作等都取得一定的成绩。

1984 年，根据上级指示，海丰在全县范围内实行较大规模的机构改革，精简人员编制，减少人民群众负担。田墘公社改称"田墘区公所"，遮浪公社改称"遮浪区公所"；大队改为"乡政府"，生产队自行取消；原来的"三级所有，队为基础"的农村基层组织建制改制。时田墘圩内原有的五个党支部合并为田墘镇政府党支部委员会；东洲坑及东一、东二大队并为东洲乡政府。

1988 年，经国务院批准，汕尾建市。1992 年，经广东省人民政府批准，设立汕尾红海湾经济开发试验区。

从 1992 年红海湾建区至 2012 年的二十年，红海湾革命老区的经济社会有了很大的发展，但步子还不大，速度也不快，原因是多方面的，其中发生在 2005 年的东洲坑"12·6"事件，其负面影响是严重的，教训也是深刻的。

2012 年党的十八届三中全会的召开，标志着红海湾革命老区进入新的发展时期。

2018 年上半年，区组织编制《红海湾经济开发区革命老区振兴规划》。2018 年 8 月，广东省人民政府颁发《广东省人民政府关于海陆丰革命老区振兴发展规划》，给红海湾革命老区人民以极大的鼓舞和鞭策。

红海湾人民紧密团结在以习近平同志为核心的党中央周围，高举新时代中国特色社会主义思想伟大旗帜，在广东省委、省政府的领导下，在汕尾市委、市政府的带领下，强力推进革命老区建设，红海湾大地，处处呈现一派勃勃生机。

纵观红海湾革命老区的发展历史，红海湾人民深深体会到，只有共产党才能救中国！在中国共产党的正确领导下，红海湾人民站了起来，逐渐富了起来，不断强大起来，今后，一定会旺盛起来！

党的十九大对未来经济社会发展作出全面部署，开启了全面建设社会主义现代化的新征程。富有光荣革命传统的红海湾革命老区人民，不忘初心，牢记使命，为实现"两个一百年"、实现中华民族伟大复兴的中国梦而努力奋斗。

1

第一章

红色热土　粤东新星

第一节 地理概况

广东省汕尾市是"农民运动大王"彭湃的家乡；汕尾红海湾经济开发区田墘圩是"中国核潜艇之父"、中国工程院院士黄旭华的出生成长地。

1992 年 11 月，经广东省人民政府批准，设立广东汕尾红海湾经济开发试验区，时辖田墘、遮浪两个镇。1997 年，田墘镇和遮浪镇改设为田墘街道和遮浪街道，并从田墘镇析出东洲坑和湖东两个村设立东洲街道。2007 年 3 月，汕尾红海湾经济开发试验区更名为"广东汕尾红海湾经济开发区"（简称"红海湾区"）。辖田墘、遮浪、东洲 3 个街道，共 28 个村（社区）。

红海湾区处于汕尾市区南部，即红海湾与碣石湾交接处，位于东经 115°27′~115°37′，北纬 22°39′~22°48′，东临碣石湾，南依红海湾，西与汕尾市城区东涌镇、捷胜镇相连，北与海丰县大湖镇、赤坑镇接壤；全区陆地总面积 110 平方千米，海岸线总长约 72 千米，有白沙湖、田寮湖两大咸水湖和遮浪南澳、施公寮两个半岛。主要岛屿有龟龄岛、金屿岛、金瓜岛和菜屿岛。

红海湾区地处北回归线以南的低纬度地区，属亚热带季风气候区，具有湿热和干温季明显等特点，年平均气温 22℃左右。

红海湾区濒临西太平洋国际航道，地处粤东地区交通运输中心地带。海上交通东距汕头 70 海里，距台湾高雄 200 余海里，西距香港 82 海里；陆上交通东距汕头 200 千米，西距深圳 210 千米、广州 320 千米、惠州 160 千米。水陆交通便利。

红海湾是汕尾市乃至广东省知名的滨海旅游度假区，自然环境得天独厚，水清沙净，风光旖旎，拥有天然海水浴场、度假别墅区、海上运动场和众多的名胜古迹、庙宇，形成了"神、海、沙、石"多姿，"湖、岛、湾、澳"独特，"礁、泉、岩、洞"迥异的旅游资源特色。

第二节 建制沿革

早在 5000 多年前的新石器时代中晚期，先民们已在境域沿海聚居生息。历夏、商、周至春秋战国为"南蛮"之地，为"百越"之一部分。

秦始皇三十三年（公元前 214 年），秦平百越设郡县，境域属南海郡。

东晋咸和六年（331 年），设置县署，从博罗县析置海丰县。取义于"临海物丰"，境域属海丰县，随属东官郡。

隋开皇十一年（591 年），并梁化郡、东官郡和南海郡一部分置循州（郡治于今惠州），境域随海丰改属循州。

隋大业三年（607 年），改州为郡，循州改为龙川郡，境域随海丰属龙川郡。

唐武德五年（622 年），废龙川郡又称循州，同时划出海丰县东部部分地方设置安陆县（今陆丰市、惠来县部分地方）。

唐贞观元年（627 年），撤销安陆县，并回海丰县，境域随海丰仍属循州。

武则天天授元年（690 年），改循州为雷乡州。

唐天宝元年（742 年），擢升为海丰郡，管辖归善（今惠阳、惠东）、博罗、海丰、河源、雷乡（今龙川）、兴宁六县。

唐乾元元年（758 年），废海丰郡，仍为海丰县。

五代时期南汉大宝年间至北宋天禧三年（1019 年），境域随海丰属祯州。

北宋天禧五年（1021 年），因避太子赵祯之名讳改祯州为惠州，境域随海丰县属广南东路惠州。

北宋熙宁元年（1068 年），海丰分设八都，即兴贤都、石塘都、金锡都、杨安都、坊廓都、石帆都、吉康都、龙溪都，时境域属金锡都。

元代，境域随海丰属江西中书省广东道惠州路。

明代，境域随海丰属广东布政司惠州府。

明嘉靖三年（1524 年），划出海丰东部之龙溪都与潮属之惠来都合并设置惠来县。

清朝沿用明朝旧制，境域随海丰仍属惠州府。

清雍正九年（1731 年），海丰划出县东的吉康、石帆、坊廓三都设置陆丰县。海丰版图存兴贤、石塘、金锡、杨安四都，下设 55 约。时境域仍属海丰县金锡都。

辛亥革命以后，废除府制。1914—1920 年，境域随海丰属潮循道。1920 年撤潮循道，改属东江绥靖委员公署。1930 年属第十区行政视察专员公署，后改属第四区行政督察专员公署（包括海丰、惠阳、博罗、陆丰、河源、紫金、新丰、龙门 8 县）。

1921 年至 1937 年上半年，红海湾境域之田墘、遮浪属海丰县第七区。

1937 年下半年至 1949 年 10 月，红海湾区境域之田墘、遮浪属海丰县第四区（其间有一段时间属海南区）。

中华人民共和国成立后，1949 年 10 月至 1952 年 1 月属东江专区，1952 年 1 月至 1956 年 2 月属粤东地区，1956 年 3 月至 1959 年 3 月属惠阳专区，1959 年 3 月至 1983 年 8 月属汕头专区，1983 年 9 月至 1988 年 2 月属惠阳专区。实行乡镇建制。

1988 年 1 月 7 日，经国务院批准，在原海丰、陆丰两县行政区域的基础上设置地级汕尾市，并析海丰县南部沿海的汕尾红草、马宫、东涌、田墘、捷胜、遮浪7镇建置城区。

1992年11月，经广东省人民政府批准，设立汕尾红海湾经济开发试验区，辖田墘、遮浪两个镇。1993年2月23日，汕尾红海湾经济开发试验区挂牌成立。

1997年，田墘镇和遮浪镇改设为田墘街道和遮浪街道，并从田墘镇析出东洲坑和湖东两个村设立东洲街道。

2007年3月，汕尾红海湾经济开发试验区更名为汕尾红海湾经济开发区。

自然环境与资源优势

一、自然环境

红海湾区的地理位置和自然环境优越。陆地可开发土地资源不少，海岸线长，有遮浪港和东洲港两个港口，有白沙湖、田寮湖两个咸水湖和遮浪南澳、施公寮两个半岛。

红海湾区地处大陆南部沿海、北回归线以南，属亚热带季风气候区，海洋性气候明显，光、热、水资源丰富。其主要气候特点是：气候温暖、雨量充沛、雨热同季、光线充足；冬无严寒、夏不酷热、夏长冬短、春早秋迟；气候温暖，年平均气温为 22℃左右，年均最低气温 19℃左右。水稻安全生长期在 260 天左右，境内雨量充沛。雨热同季是红海湾区气候特点之一，雨季始于 3月下旬到 4 月上旬，终于 10 月中旬，每年 4—9 月的汛期，既是一年中热量最多的季节，又是降雨量最集中的季节，占全年降雨量的 85% 左右。全区光照充足，多年年平均日照时长为 1900 ~ 2100 小时，日照百分率为 44% ~ 48%，太阳辐射总量年平均 120千卡/平方厘米。

二、自然资源

红海湾区的自然资源十分丰富。其海洋资源更是取之不尽。

红海湾区两端分布由山地、丘陵台地构成的基岩岬角，突兀峥嵘于推山倒海的白浪中，遮浪即为一典型岬角。遮浪角突出在红海湾与碣石湾之间，湾内岛屿、半岛罗列，多达 54 个。区内已探明的矿产资源有钨、铁、硅砂、花岗岩等 4 类 13 种。其中高品质硅砂储藏面积达 5 平方千米，储量近 2000 万吨。

遮浪海域底地势平缓，水深变化小，地质均为泥沙，是鱼类产卵、索饵和越冬的良好场所。遮浪海域处于粤东沿岸上升流区。上升流区是世界海洋中最肥沃的海域之一，因为上升流能把高含营养盐的中深层水带到海洋真光层中，给海洋上层"施肥"，大大提高了海洋的初级生产力，从而吸引鱼类生物在此集结。遮浪海域所属的粤东沿岸上升流属于沿岸风生上升流，夏季西南季风是诱生粤东沿岸上升流的因素之一，自红海湾至汕头外海口 10 ~ 20 千米范围，是粤东沿岸上升流的中心位置，受上升流影响，遮浪渔场渔业资源较为丰富。

遮浪渔场位于南海北部大陆架区。南海北部大陆架是世界上较宽阔的大陆架之一，坡势平坦。另外，红海湾具有明显的海洋性气候特征，气候温暖，海水温度、盐度适中，水质肥沃，光照和营养充足，饵料丰富。因此，这里符合大型渔场形成的首要条件。加上当地有充沛的降雨量，保证了流入海域的淡水量，同时带来了大量有机物和无机物。

遮浪渔场具有得天独厚的条件。主要海洋经济水产品就有 14 类 10 科 173 种，优质产品 20 多种，主要经济鱼类有沙丁鱼、马鲛、鲳鱼、斑鱼、苇鱼等。另外，乌贼、海虾、海蟹和贝壳类等海产品在捕捞时比较常见。

红海湾被农业部批准公布为渔港。2019 年，全区拥有大小渔船 1620 艘，总功率达 48000 千瓦。除了本地渔船，渔汛期间，到遮浪港靠港的外港渔船近千艘，千船齐头，蔚为大观。港内拥有避风塘、装卸码头、冷冻厂、自来水厂、油库、修造厂、水产品加工厂，各种设施和生产生活服务等一应俱全。

海产品干晒区（陈锤供图）

遮浪合港澳（陈锤供图）

遮浪海域海水含盐量较高，日照强烈，适于晒盐，自古以来，盐业就成为地方经济的重要支柱。《海丰县志》载："邑东南十里为和丰滘，二十里为新滘，一望沃野，水道不通，宋舟师至，凿而通之。闽广贩盐诸舶往往聚此。"20 世纪 30 年代，红海湾盐业和渔业一样，极盛时主要产于内湖、南町、湖东一带，盐民多达数百人，是汕尾输出海产和海盐等物资的基地。盐业是红海湾人民开发海洋最重要的一项文明成果，也是海上丝绸之路贸易的一项重要资源。

红海湾海上贸易历来较为繁荣。据梁廷枏《粤海关志》记载，清代汕尾遮拦（浪）港已有闽、浙、潮、惠等地商船进出。本地内河船只往来，装卸货物为海产品卤咸肉、木材、豆、麦、煤炭、渔网等。而区境之白沙湖，明代已有外国船只停靠。明嘉靖《海丰县志》有记：曰白沙湖，距邑东一百五十里，多番舶居之。

由于受地球"喜马拉雅运动"的影响，红海湾区表现为隆起与塌陷共处，地貌北高南低，产生了侵蚀和堆积，使花岗岩逐步暴露地表，形成花岗岩山地、丘陵及台地。红海湾地质年代最早是三叠系上统，继而侏罗系第四系。岩石主要由花岗岩、砂页岩及第四系列化冲积沙砾层等组成。经过大自然和人类活动的作用，构成复杂土壤类型。土壤类型有：水稻土、南方山地草甸土、黄壤、红壤、赤红壤、菜园土、潮沙泥土、滨海盐渍沼泽土、海滨山地石质土等 10 多种土类。

三、旅游资源

红海湾区旅游资源极为丰富且得天独厚。地文景观、水域景观、遗址遗迹、建筑设施、旅游商品和人文活动等形式各异，内容丰富多彩。近年来，红海湾被确定为"广东省滨海旅游产业示范园区""广东省全域旅游示范区""中国文化旅游新地标示范基地"，红海湾景区被评为 4A 级景区，遮浪半岛海岸当选"广东十大美丽海岸"，灯塔岛、龟龄岛获选"广东十大美丽海岛"。地文景观、人文景观、传统文化景观、乡镇风貌、文体盛事、饮食购物等旅游资源十分丰富。蓝、红、古、奇、新"五彩"俱全，各领风骚。计有6个主类、18个亚类、34个基本类型，共102个旅游资源单体。其中：

44－015－002－02－AAA 的1个：烟堆山；

44－015－002－01－AAA 的1个：大德岭；

44－015－002－03－ACE 的1个：石鼓山；

44－015－002－03－AEA 的4个：遮浪岩岛、施公寮岛、金屿岛（神秘岛）、龟龄岛；

44－015－002－01－BBA 的2个：田寮湖、红树林湿地公园；

44－015－002－02－BEA 的3个：白沙湖、红海湾沙滩、遮浪南澳半岛沙滩；

44－015－002－02－BEB 的1个：遮浪奇观；

44－015－002－02－BEC 的1个：打石澳湾；

44－015－002－02－EAA 的2个：菝仔围遗址、沙坑南遗址；

44－015－002－02－EBA 的3个：田墘红楼、城埔红军洞、程子华渡海处；

44－015－002－02－EBB 的4个：遮浪古炮台、石狮头炮台遗址、南町山烟墩、新塘岭；

44－015－002－02－FAB 的1个：广东省海上运动训练基地；

44－015－002－01－FAC 的13个：南海寺观音阁景区、郑祖禧庙、遮浪城隍庙、田墘水仙庙、望斗灵岩（庵）寺、宫前天后宫、田墘天太后宫、海丰善堂（汕遮公路旁）、田墘基督教堂、石岗围国王庙、赤坎城隍行台、南社国王庙、海埔圩元帝宫；

44－015－002－02－FAE 的1个：田墘戏台；

44－015－002－02－FAF 的1个：风力发电场；

44－015－002－03－FAF 的1个：汕尾红海湾发电厂；

44－015－002－01－FAF 的1个：白沙湖盐田；

44-015-002-01-FBB 的 7 个：田墘曾氏大生祠、田墘陈氏大宗祠、田墘吴氏大宗祠、田墘郑氏宗祠、田墘郑氏家塾、田墘李氏家祠、南门翁氏祖祠；

44-015-002-02-FCG 的 1 个：波静浪平石刻；

44-015-002-02-FDB 的 1 个：遮浪祠堂街；

44-015-002-02-FDC 的 4 个：施公寮村、宫前村、东风村、田寮村；

44-015-002-01-FDD 的 2 个：王钊故居、黄旭华旧居；

44-015-002-01-FEA 的 2 个：红海湾烈士陵园、抗日合作军陵园；

44-015-002-01-FEB 的 4 个：唐公墓、疍家灰沙亭墓、后海澳红军墓、红四师十团红军墓；

44-015-002-02-FFC 的 2 个：东洲港、遮浪港；

44-015-002-01-FGA 的 3 个：湖东水库、湖尾水库、后兰水库；

44-015-002-01-FGB 的 4 个：北山村古井、芬园古井、塔岭村古井、中井巷古井；

44-015-002-01-FAC 的 2 个：公平灌渠、外湖渡槽；

44-015-002-02-FGD 的 2 个：田寮湖心路、南联堤围；

44-015-002-01-GAA 的 11 个：遮浪马仔、重糕粿、菜茶、薄饼、牛肉饼、猪油糖、九毛膏、菜粿、小米、马鲛鱼丸、塔仔粉纤；

44-015-002-01-GAC 的 6 个：海胆、珍珠贝、疣荔枝螺、鸡爪贝、将军帽、马鲛鱼；

44-015-002-01-HAA 的 1 个：黄旭华；

44-015-002-01-HCB 的 2 个：妈祖诞、元宵节迎神赛会；

44-015-002-03-HCC 的 2 个：麒麟舞、西秦戏；

44-015-002-01-HCZ 的 3 个：拉大网、捕鱼体验、海钓比赛；

44-015-002-02-HDD 的 2 个：帆板帆船赛、冲浪比赛。

此外，还有海上赛龙舟、擎景、白字戏、曲班、八音钱鼓舞、观音诞等。

红海湾区是全域革命老区，红色旅游景点众多。第一批经省认定的有海丰县七区（田墘）苏维埃政府所在地、抗日合作军烈士陵园、红色村庄东尾村等 35 处革命遗址。这些革命遗址是广大党员干部、人民群众、中小学生开展"不忘初心，牢记使命"主题教育活动，传承红色基因，弘扬红色文化活动的重要阵地，发挥着不可替代的巨大作用。

（红海湾区旅游局供图）

第四节 交通设施

一、海陆交通便利快捷

红海湾区三面环海，一面傍山，东临碣石湾，南依红海湾，西与汕尾市城区东涌镇、捷胜镇相连，北与海丰县大湖镇、赤坑镇接壤。陆上交通，东距汕头市 200 千米，东北距揭阳市 180 千米，西距深圳 210 千米，到广州 320 千米。广厦高铁通车后，红海湾到深圳时间约一个半小时，到广州约两个小时十分钟。海上交通，东距汕头 70 海里，西距香港 82 海里。海上交通便利。

建区以来尤其是经过"两大会战"的努力，红海湾区基本实现了"村村通"，原有的汕遮公路（X141）得到养护维修，红海大道逐步拓宽、铺上柏油路面、加以绿化美化和路灯装置，成为从汕尾市区到红海湾旅游区的一道亮丽风景线。西海岸大道（红海湾段）按计划推进。兴宁至汕尾高速公路等现代化运输交通项目将在红海湾区落脚。红海湾区的交通形成海陆互通，纵横有致，便利快捷，具有鲜明的现代化特色的新格局。

二、交通基础设施建设加快

高速公路。兴宁至汕尾高速公路红海湾路段顺利开工，投资 2.95 亿元。

"四好农村路"建设。现代农业产业园区、旅游景区通达路线基本完成。农村公路完成了路基、路层的改造任务，实现了镇通建制村的畅通。桥梁建设取得新进展。

港口建设。完成了红海湾东洲航道疏浚、防波堤修复工程，完成了可行性研究、设计的前期工作。

客运服务质量逐步提高；公共交通设施更为健全；陆路货运、港口水运更为便捷；交通秩序、行业安全管理、工程质量管理、路政管理合规合法。

第五节 社会文化经济概况

一、人口、民族、语言

据统计，2017 年末，全区户籍人口 11.5 万人，常住人口 9.17 万人。海外侨胞、港澳台胞 4 万多人。

红海湾居民绝大部分为汉族，随着汕尾的建市、红海湾的设区，也有极少数少数民族干部和家属在红海湾落户。

红海湾区是广府文化、潮汕文化、客家文化的交汇地。语言、民俗丰富独特。居民基本使用闽南语系的海丰话（俗称福佬话），口音特点为 8 个声调；另因与港穗商贸往来频繁，会说白话（广州话）的占相当比例。中华人民共和国成立后，国家大力推广普通话，再加上北方方言人口的迁入影响，现在红海湾的小学生和中青年基本能讲普通话。

二、历史文化

历史传统文化资源丰富。早在新石器时代中晚期（约5000 年前），就有先民聚居于境域的遮浪施公寮、田墘、东洲坑沙坝仔、大垟等地，创造了不朽的海洋文化。现有的文物古迹便可充分证明。

红海湾区的历史基本是农耕、捕捞的社会史和文明史。农耕的家园是村落，捕捞的场所是湖海。人民生于斯、长于斯、传承于斯。由于历史悠久，红海湾文化底蕴深厚，加上地域不同和人类迁徙的原因，形成既有中原、瓯越和闽南文化，又有海洋文化的多元化特征。因此，红海湾域内的村落多姿多彩，文化灿烂丰富，为世所罕见。不仅形态风貌、景象彼此不同，物产、风俗、宗族、游艺、手艺以及相关仪规也自成一格。

独特的地理环境，久远的历史渊源，造就了红海湾区独特的文化现象。长期以来，勤劳纯朴、敢为人先的红海湾人民，经过千百年的洗礼，在创造物质文明的同时，努力继承、发展优秀的传统文化和喜闻乐见、耳熟能详的传统民间艺术，积淀了厚重的文化底蕴，孕育了一批批艺术人才。

建区以来，红海湾区党工委、管委会高度重视传统文化的保护，成功举办了多项文化活动，千方百计开拓多种渠道，拓展民间艺术的生存和创新空间，发挥红海湾区民间文化艺术资源丰富的优势，把开展经济活动与民间艺术紧密结合起来。围绕区域经济建设、扩大招商引资，开展民间文艺活动。结合红海湾区定位为旅游示范区的实际，在遮浪旅游区中，开展旅游景点的文艺服务活动，搭建文化舞台，让传统和时尚的演艺类节目在景区中常态化演出，以此拉动地方经济的更大发展。同时，鼓励和发展社会文化产业。

红海湾区的居民多为渔民，面对渺茫无际的南海，在广大渔民心中，海神是在变幻莫测、浊浪滔天的大海上，给其以精神慰藉的保护神，最能鼓起他们战胜灾难、渡过难关的勇气。红海湾区民间信仰呈多元化，民众是多神信者。观音、关帝、城隍爷、水仙爷、五谷母等，均有一定的信众。而最具影响力的、最有群众基础的当数海神——妈祖。

红海湾区民众的饮食习惯与闽南和潮汕地区接近，又受香港、广州地区影响，渐渐汇众家之所长，品种多样，风味自成一格。

此外，红海湾区民众的饮食吸收了世界各地美食精华，成为具有地方特色的、闻名中外的菜系。

三、民俗文化

（一）物质生活民俗

1. 生产民俗（农业、渔业、采掘、捕猎、养殖等物资的初级生产方面）：农业祭祀民俗，如农民"拜田头公"、过"五谷母生"；渔民"拜船头公"等。

2. 工商业民俗（手工业、服务业和商贸诸业等物质资料的加工服务方面），如从事商务、办企业的奉祀"财神爷"，过"十六牙"；服务业"投圩"（赶集）习俗，如田墘圩的开圩日为农历每月初一、初四、初七、十一、十四、十七、廿一、廿四、廿七日。

3. 生活民俗（衣、食、住、行等物质消费方面）：清代，姑娘出嫁时要"挽面"，结婚后要"因瓠"，上了年纪的还要戴"银管"等；有的在农历初一、十五坚持吃菜（素）等；渔民吃饭时餐具的摆放等；春节期间，从腊月廿三、廿四至正月十五均有不同的生活民俗活动和禁忌。

（二）社会生活民俗

社会组织民俗（家族、村落、社区、社团等组织方面）：如同姓聚族而居；村落建设择风水、择吉日；大部分乡村、宗族也有成立理事会、联谊会、"父母会"等组织。

岁时节日民俗（节期与活动所代表的时间框架）：如"时年"指"年"（春节）。八节指元宵、春分、清明、端午、秋分、中元、中秋、冬至，而各个节日民俗活动的内容和形式不尽相同。

人生礼俗（诞生、生日、成年、婚姻、寿庆、丧葬等人生历程方面）：诞生、生日和成年礼俗稍为简单，其内容和形式也大同小异；婚姻、寿庆虽为隆重而逐步趋于现代；相对复杂的是丧葬礼俗，其环节多且有些守旧。其基本环节有：陟铺、换寿衣、买水、出讣告、饲食、等棺、入殓、盖棺、出殡、赐杖、成服、送葬、点主、回龙、落葬、做功德、完山、换孝等。但随着殡葬改革的不断深入，有些复杂且落俗的环节已逐渐减少。

（三）精神生活民俗

游艺民俗（游戏、竞技、社火等娱乐方面）：红海湾的游艺民俗较多，且多为健康向上。如"跳独双"、放风筝、拍玻只、"行九坵"、驶铁圈、拍寸竿、拔河、行军旗、搭公仔、托手尾、撑肚脐、"漂水乒"，还有在演"秦琼倒铜旗"大戏时的"抢铜旗"、庙会的"抢包山"等。

民俗观念（诸神崇拜、传说、故事、谚语等所代表的民间精神世界方面）：红海湾人民以耕海为主，耕田为辅。先前，由于科学的不发达，有着"行船捕鱼三分命"之说。因此，大多数人为多神信者，可谓"抬头三尺有神明"。信奉海神妈祖的为数最多，几乎沿海地区每个乡村都有妈祖宫（天后宫），每年都举办"妈祖神诞"和彩炮会等活动。其次是信奉观音。还有关帝（关公）信仰与庙会、城隍信仰与庙会、元天上帝（帝爷公）信仰与庙会、水仙爷信仰与庙会。此外，田墘内湖奉祀"双圣妈祖"，一为林氏妈祖林默娘，一为郑氏妈祖郑祖禧（传说中的郑成功之妹），独具特色。

四、经济发展

红海湾自设区以来，坚持以经济发展为中心，以改革为动力，经济有了长足的发展。农业经济稳步发展，渔业产量和产值逐步增长，工业发展成为助推红海湾经济发展的强大动力，内外源型经济发展趋势良好，旅游产业方兴未艾。2017年，国民经济有了新的发展。地区生产总值绝对值 36.93 亿元，同比增长 15.9%，其中第一产业增加值绝对值 5.79 亿元，同比增长 4.3%，第二产业增加值绝对值 20.45 亿元，同比增长 25.6%，第三产业增加值绝对值 10.69 亿元，同比增长 6.3%。

第二章

红旗前导　威震南疆（1921—1937 年）

农民运动的兴起与发展

红海湾地处南海之滨，居民以捕鱼为主，辅以农耕。在半殖民地半封建社会时期，广大人民长期遭受封建官僚、地主和渔霸的压迫和剥削，过着悲惨的生活，阶级矛盾十分尖锐。实现社会变革，是广大贫苦大众的愿望；开展农民运动，使广大贫苦大众脱离苦海，是民心所向。

一、农运前奏

清末，海陆丰乌红旗帮派械斗不止，长发党、东成王党等社团教门活动频繁，社会局面混乱不堪。时逢天灾多虐，广大劳苦大众生活在水深火热之中。

鸦片战争，给红海湾人民带来灾难。此后，受外国资本主义和国内封建主义双重压迫，人民艰难求生。

国家破碎，民不聊生，不少仁人志士怒发冲冠，为了寻求救国救民的真理而舍生忘死。1919 年，五四运动爆发，迅速波及海丰地区，海丰县人民尤其是青年学生受到极大的鼓舞。郑志云、陈魁亚等一批进步学生成立了海丰县学生联合会，组织救国团，组织集会游行，声援北京学生的爱国运动，抗议帝国主义的侵略行径和北洋军阀政府的卖国罪行。

出生于大地主家庭的彭湃，于 1918 年东渡日本留学。1919年 5 月下旬，从日本寄给海丰县学生联合会"毋忘国耻"的血书和长信，更加激发了广大师生的爱国热情。他们在海城举行示威游行，掀起爱国宣传和抵制日货的热潮。1919年暑假，彭湃从日本回国，他把新文化运动和政治斗争结合起来，与海丰县学生总会骨干陈家修、陈魁亚、郑志云等组织讲演团、话剧团到农村宣传演出《秋瑾》等反帝反封建的剧目，抨击帝国主义和封建主义，歌颂秋瑾等革命英雄人物。俄国十月革命爆发，彭湃开始接受社会主义思想。1921年5月初，彭湃从日本学成回国，带回不少马克思、列宁等的著作和进步书籍。1921年7月，彭湃等发起成立"社会主义研究社"，研究社有组织有系统地学习马克思主义，主动走到工人农民中间开展宣传活动，传播马克思主义，宣传革命道理。1921年10月1日，海丰县长翁桂清接受陈炯明指令，委任彭湃为海丰劝学所所长，1922年1月，劝学所改称教育局，彭湃任教育局长。彭湃就任以后，开始实践从教育入手改造社会的救国方式，积极向师生宣传革命道理，组织师生上街游行，反对旧制度，在社会上引起轰动。他决心以教育为阵地传播马克思主义，培育革命的种子。他对海丰教育作了许多改革和创新。他坚持还教育于人民，教育应为贫民服务的教育主张；对原教育行政机构进行整顿；积极发展农民教育，把"图农民教育之普及"作为农会的四大基本纲领之一，增设女子学校；大胆地革新教学内容，把原来学校课本中宣扬风花雪月、脱离实际的内容删掉，从当时《新青年》等报纸杂志中选择李大钊、陈独秀、鲁迅等人的文章作为补充教材，认真组织教学，效果显著；倡导教法学法改革，提倡"启发式"；注重社会实践活动，坚持理论与实践结合；主张学生的全面发展，开展体育运动；注重在学校教育中培育革命苗子等等，使当时的海丰教育面貌焕然一新，充满生机。

彭湃等进步人士的行为，使红海湾籍的部分青年知识分子逐步接受了马克思主义，并在斗争中经受了锻炼，逐步成为具有共产主义觉悟的先进分子，为大革命运动的兴起奠定基础，做了准备。

1922年，彭湃策划了海丰的"五一"游行后，被免去了教育局长的职务。从教育入手以实行社会变革的理论和实践受阻的教训，让彭湃认识到，要达到变革社会的目的，只依靠少数知识分子，没有广大工农参加是不行的；只有把受压迫最苦、占人口最多的农民群众发动和组织起来，社会变革才有坚实的基础。而要唤醒农民，发动农民，就必须深入到农民群众中去，了解他们的要求。

1922年6月开始，彭湃便自觉地"到农村去做实际运动"，不顾家庭的阻挠和反对，不怕地主豪绅的诽谤和攻击，赤着双脚行走于乡里田间，对农民进行艰苦细致的宣传、发动工作，赢得农民的理解和支持。1922年7月29日，彭湃和进步农民张妈安、林沛、林焕、李老四、李思贤在彭湃住所得趣书室成立了"六人农会"。

星星之火，可以燎原。"六人农会"成立以后，扩大了宣传和发动范围，不仅农会会员逐步增加，许多青年知识分子也给农会以支持。彭汉垣、陈魁亚、郑志云、李劳工、林越、余创之、陈修等相继团结在彭湃的身边，成为农会组织的骨干。他们还不时地到红海湾境域开展宣传发动工作。

1923年1月1日，全国第一个县级农会——海丰县总农会在海城龙山天后宫成立。参加成立大会的各乡农会代表60多人，彭湃被选为总农会会长，杨其珊为副会长。这时农会的会员达一万余人。

海丰县总农会的成立，影响极大。至1923年4月，海丰、陆丰、归善（惠阳）三县已有70余约、500余村、20多万人参加农会。接着，潮梅地区的五华、普宁、惠来三县农民相继成立了农会。后来成立的惠州农民联合会和1923年成立的广东农会的会址都设在海丰。

这一时期，在海丰县城打长工的农民、工人和在校的师生中，就有不少是现红海湾区田墘、遮浪、东洲籍的，如陈庆广、翁兆祺、罗宏扬、罗章彩等，由于受到彭湃革命思想的熏陶，尤其是彭湃烧田契的革命行为的感召，他们更加信任和拥戴彭湃。他们有的积极参加了在海城举行的大规模的"五一"纪念活动，有的参加了海城当地的农会组织，且在彭湃的号召下，回到自己的家乡，秘密发动组织农会。因条件限制，当时有的农会没有公开组织名称，有的称为临时农会。

1923年7月和8月间，红海湾境域连续多次遭受强台风袭击，狂风、暴雨不停，海潮猛涨，人民生命受到严重威胁，财产损失严重，七成渔船损坏，农作物绝大部分失收。红海湾人民响应海丰县总农会的号召，开展抗租减租运动。8月16日即农历七月初五，海丰县署游击队、士兵及警察、团勇300多人围攻海丰县总农会，捕去杨其珊等农会职员25人，并宣布解散农会、下令通缉彭湃。还派出军警到各乡逼迫农民十足交租，查缴农会会员证章。这一事件，在广东农民运动史上被称为"七五农潮"。在"七五农潮"期间，红海湾境域的农会会员，一方面团结一致，跟地主、渔霸展开斗争，一方面以各种形式支持海丰县总农会的革命行动，直至1924年1月，以惠、潮、梅农会的强大力量为后盾促使海丰县长王作新释放了"七五农潮"中被捕的农友，各地农会迅速恢复，农会抗租减租斗争取得胜利。

二、农会组织

海丰县总农会成立以后不久，红海湾境域有不少秘密的农会组织。"七五农潮"发生后，大批农运骨干纷纷站了出来，开展农运，公开成立农会组织。史料可查，从1924年至1927年，红海湾境域成立了"海丰县第七区农民协会"，乡村成立了农会的有53个，一些会员不多的就与附近的联合成立。农会组织几乎覆盖了整个境域。总数为59个，占全区77个村庄的75%以上。其中第七区1个，田墘33个，遮浪18个，东洲7个。

海丰县第七区农民协会（1924年5月—1928年3月）

	会长	陈庆广	黄娘高	肖开魁	钟　送
田墘圩农会	会长	曾昭祯			
田一村农会	会长	李静波			
田二村农会	会长	彭文彬（斌）	副会长	黄　程	
田三村农会	会长	陈　排			
田四村农会	会长	郑世芝			
田五村农会	会长	李　浮			
田六村农会	会长	彭芝照			
田七村农会	会长	陈妈送			
东洲坑村农会	会长	张妈照	副会长	吕　歪	
东洲坑一村农会	会长	林　竹			
前山村农会	副会长	江文光			
石古村农会	会长	江文资			
北山村农会	会长	（待查）			
潭仔村农会	会长	陈　滚（兼）			
石牌村农会	会长	褚　桠			
马巷村农会	会长	李　胜			
新乡村农会	会长	吴　卢			
新美地村农会	会长	麦　德			
石岗寮村农会	会长	李　情			
过洋埔村农会	会长	叶妈棱			
塔岭村农会	会长	钟锦山			

湖东村农会	会长　张妈照（兼）（钟飞明）	
南町村农会	会长　陈华岁	
上内寮村农会	会长　詹临送	
下内寮村农会	会长　周　贤	
坑美村农会	会长　詹火实	
庄社村农会	会长　陈　滚（兼）	
隔陂村农会	会长　詹水得	
浮山村农会	会长　戴　俊	
后湖村农会	会长　周　伦	
麻园村农会	会长　邱　笔	
新乡村农会	会长　戴　俊（兼）	
田心村农会	会长　陈世桶	
深径村农会	会长　林　投	
城埔村农会	会长　陈庆开	
池兜村农会	会长　陈庆广（兼）	
山陂城村农会	会长　余　溪	
海埔仔村农会	会长　俞礼清	
海埔圩村农会	会长　林妈存	
埔尾头村农会	会长　杨　姚	
水龟寮村农会	会长　许守全	
长新村农会	会长　曾生溜	
桂林村农会	会长　安国玉　安娘油	
	副会长　安　佑　安华脑	
狮岭村农会	会长　石　冰	副会长　石　鲁
东尾村农会	会长　罗章彩（兼西湖乡等农会执委）	
东山兰村农会	会长　黄振农	副会长　翁　根
合港村农会	会长　黄　藤	副会长　童德昌

红坎村农会	会长	黄振日	副会长	陈德做
四石柱村农会	会长	胡金仲		
长沟村农会	会长	林朝花	副会长	林朝权
径尾村农会	会长	陈娘天	副会长	吴赠
施公寮村农会	会长	李妈杰	副会长	李院
新沟村农会	会长	林碳	副会长	杜车
田寮村农会	会长	林天松	副会长	郑坑
西湖村农会	会长	罗旺	副会长	黄娘屋
南(西)地村农会	会长	刘穗	副会长	刘径
东联圩农会	会长	安华宝	副会长	安庆缓
新湖村农会	会长	陈荣仔	副会长	陈昌啰

红海湾境域农会组织遍布，人多势众。在海丰县总农会的领导下，开展了卓有成效的革命斗争。大型活动听从县农会和七区农会的统一指挥，日常活动由各乡、村农会根据实际进行。由于红海湾是渔农兼有、以渔为主的地区，其革命斗争的主要内容是：与地主恶霸斗，主要是减租退租、公道放租和收租（如不得"大斗入、小斗出"）、乡村权力归农会等。与渔霸斗，主要是减租退租、公道收鱼（如不得"大秤入、小秤出"）、合理收租（以实际出海算租）以及争取"占成数"分红（渔民占收入的一定比例获得报酬）。与盐町（场）主斗，主要是合理付酬。革命斗争也是多样化，如"集体上前讲理讨公道"、农会开会叫对方到场"讲清楚"、农会将对方财产"充公"等。当时有"农会的权力大过天"的境况。同时，与反动民团斗，"锄头粪箕、尖串红旗"一起上，也是经常发生的事情。

红海湾区农会得以迅速发展的主要原因：一是得到党团组织的指导和支持。彭湃在创建农会的过程中，同共产党员杨嗣震等过从甚密，同社会主义青年团中央负责人施存统、刘仁静以及中共中央总书记陈独秀都有书信往来，联系密切。二是社会主义思潮和俄国十月革命的巨大影响。在彭湃周围，不但涌现了杨其珊等一班农民中坚，而且聚集了林甦、郑志云、陈魁亚、李劳工、林务农等一批知识青年，形成农会初期的干部队伍。三是农会侧重于争取农民的福利，通过举办"济丧会"、农民药房、农民夜校、调解民事纠纷等活动，使劳苦大众看到农会的好处。四是与广东当时的政局有很大关系。1921—1922年陈炯明主粤，着力实行"粤人治粤"的地方自治计划，农会的简章纲领和目标与之并无抵触，因此尚能见容于当局。除此之外，红海湾区当时的农会之所以达到面广人众且具有战斗力，还在于广大农会会员的革命性，尤其是曾昭祯、罗章彩等共产党员，其思想境界达到了"砍头不要紧，只要主义真"的高度。

红海湾境域农会的普遍建立，尤其在东征胜利后，农会得到恢复和发展。区乡（村）政权实际上已掌握在各级农会手里。当时，地主恶霸、渔霸乃至国民党反动团丁也不敢为非作歹，一切权力归农会，农民实有当家做主的气势。毛泽东在其著作《湖南农民运动考察报告》中这样评价："县政治必须农民起来才能澄清，广东的海丰已经有了证明。"

三、赤卫队组织

"七五农潮"事件发生后，农民要求建立自己的武装力量。彭湃深感农民要夺取政权，仅仅靠政治、经济斗争和自卫队远远不够，最重要的是要有自己的武装力量，进行武装斗争。

1924年7月8日，在彭湃主持下，广东组建农民自卫军。1925年3月16日，以李劳工的东征军先遣队为基础，扩建成立海丰县农民自卫军，李劳工为总队长。一个多月后，农民自卫军扩充到200人，力量进一步加强。时有部分红海湾籍进步人士参加了农民自卫军。

1927年4月12日，蒋介石在上海发动了震惊中外的四一二反革命政变，轰轰烈烈的大革命宣告失败。4月20日，国民党广东特别委员会发电报给海丰县农民自卫军大队长吴振民，要他在海陆丰"清党"。吴振民向中共海陆丰地委报告了国民党右派发动反革命政变的消息。地委立即召开紧急会议，决定准备武装起义。当时成立海陆丰救党委员会，作为公开指挥起义的机关，农民自卫军改称农工救党军。

1927年9月初，中共海陆丰地委改组为中共海陆丰县委。农工救党军改称为工农讨逆军。10月中旬，根据广东省委的指示，海丰工农讨逆军改编为工农革命军团队。

1927年11月下旬，各区乡农会接管政权，成立区乡苏维埃政府，农军改称赤卫队。工农革命军和群众组织重新改造。改造后，海丰县工农革命军团队长林道文（后彭桂），海丰县赤卫队队长黄强。

1929年10月初，中国工农红军第六军十七师四十九团在海丰黄羌朝面山成立。大部分成员来自工农革命军或赤卫队，其中不乏红海湾区籍人士。

从农民自卫军到赤卫队，经过了多次更名，而每次更名都是为了斗争的需要。自1924年至1929年，红海湾不仅有众多人士参加县的农民自卫军、农工救党军、工农讨逆军、工农革命军团队、赤卫队，在当地也成立了武装组织，当时基本上是凡有农会组织的地方就有赤卫队。史料记载的有55个，占全区77个村庄的70%以上。其中田墘30个，遮浪17个，东洲8个：

田墘圩赤卫队　　　队长　江来盛
田一村赤卫队　　　队长　彭火土
田二村赤卫队　　　队长　刘　层

田三村赤卫队	队长	陈 永	
田四村赤卫队	队长	罗 坪	
田五村赤卫队	队长	江 层	
田六村赤卫队	队长	陈 锱	
田七村赤卫队	队长	郑 租	
北山村赤卫队	队长	罗 我	
石牌村赤卫队	队长	褚 应	
马巷村赤卫队	队长	张 钗	
石岗寮村赤卫队	队长	吴 丁	
过洋埔村赤卫队	队长	叶妈棱 刘 滔	
新乡村赤卫队	队长	蒋妈德	
新尾地村赤卫队	队长	梁十一	
南町村赤卫队	队长	许 佣	副队长 陈米盛
上内寮村赤卫队	队长	刘礼木	
下内寮村赤卫队	队长	（待查）	
坑尾村赤卫队	队长	詹响垒	
埔上村赤卫队	队长	王 命	
格坡村赤卫队	队长	陈妈利	
池刀(兜)村赤卫队	队长	陈娘震	
浮山村赤卫队	队长	黄妈原	
后湖村赤卫队	队长	郑庆秋	
田心村赤卫队	队长	陈 洞	
深径村赤卫队	队长	林艾望	
麻园村赤卫队	队长	余娘双	
新乡村赤卫队	队长	罗立板	
山边城村赤卫队	队长	万妈色	
海埔仔村赤卫队	队长	陈庆宣	

海埔圩村赤卫队　　　　　　队长　赖四虾
埔尾头村赤卫队　　　　　　队长　陈妈罘
水龟寮村赤卫队　　　　　　队长　黄妈阶　胡妈杠
　　　　　　　　　　　　　东路指挥　许奕得
长新村赤卫队　　　　　　　队长　陈　特
东尾村赤卫队　　　　　　　队长　罗　界
东洲坑乡赤卫队　　　　　　队长　辜家程　辜世祝
前山村赤卫队　　　　　　　队长　石庆衍
庄社村赤卫队　　　　　　　队长　庄娘园
石古村赤卫队　　　　　　　队长　翁其流
潭仔村赤卫队　　　　　　　队长　卓妈促
湖东村赤卫队　　　　　　　队长　刘炳辉　　　副队长　刘家珍
东山兰村赤卫队　　　　　　队长　翁　波
狮岭村赤卫队　　　　　　　队长　石　福
合港村赤卫队　　　　　　　队长　黄合梅　　　副队长　黄学标
红坎村赤卫队　　　　　　　队长　黄妈禁
　　　　　　　　　　　　　副队长　杨　炖
四石柱村赤卫队　　　　　　队长　胡金仲　　　副队长　胡妈柱
长沟村赤卫队　　　　　　　队长　陈水齐　　　副队长　林　克
径尾村赤卫队　　　　　　　队长　吴　克　　　副队长　吴　樾
施公寮村赤卫队　　　　　　队长　李妈杰
新沟村赤卫队　　　　　　　队长　杜谭庚　　　副队长　伍谭注
田寮村赤卫队　　　　　　　队长　胡金仲　　　副队长　林天松
西湖村赤卫队　　　　　　　队长　罗　旺　　　副队长　黄娘屋
狮地村赤卫队　　　　　　　队长　文　成　　　副队长　刘　润
东联村赤卫队　　　　　　　队长　安庆缓　　　副队长　魏伟足
新湖村赤卫队　　　　　　　队长　陈荣仔

苏维埃政权的创建

一、创建前奏

红海湾苏维埃政权的创建有其革命斗争背景。

1927年4月12日，蒋介石在上海发动反革命政变，暴露了其反共反人民的反革命面目，并以暴力手段进行"清党"，大肆镇压共产党人和革命群众。

四一二反革命政变后，国民党广东当局对共产党人和革命群众进行了大屠杀，党组织被迫转入地下活动。

在与中共广东区委联系受阻的情况下，海陆丰各级党组织纷纷起来开展斗争。从4月15日开始，海陆丰地委主动与五华、普宁、紫金等地党组织取得联系，组成临时东江特别委员会指导各县的斗争。以彭湃、郭瘦真、杨石魂、林甦、张善铭、何友逖等7人为委员的中共东江特别委员会（简称"东江特委"）在海丰成立。此时的东江特委主要管辖原海陆丰地委、汕头地委、惠州地委所属海丰、陆丰、紫金、惠阳、五华、普宁、惠来等县党组织。从此，东江地区人民在东江特委的领导下，高举起土地革命斗争的旗帜，开展武装反抗国民党反动派，建立工农革命政权，创建革命根据地的斗争。

积极参加三次武装起义。经历过大革命风暴洗礼的东江人民，面对国民党反动派的倒行逆施，纷纷在各级党组织的领导下举起武装反抗的旗帜。红海湾境域人民与海陆丰人民一起，在中共东江特委的领导下，于5月、9月、10月先后三次举行武装起义，为建立红色政权而斗争。

（一）第一次武装起义

1927年5月1日凌晨2时，广东东江地区的农工救党军在中共东江特别委员会的领导下举行了第一次武装起义。在潮汕工农武装起义风起云涌之际，国民党当局也将反革命黑手伸向海陆丰。

4月20日，国民党广东特别委员会发出秘密电令，要海丰县农民自卫军大队长吴振民在海陆丰组织"清党"。吴振民是未公开身份的共产党员，黄埔军校第二期毕业生，第一次东征时以黄埔军校海丰留守处特派员身份留驻海丰。吴振民接到电令后，当即将情况向中共海陆丰地委报告。海陆丰地委在与中共广东区委一时无法取得联系的情况下，地委书记张善铭召开紧急会议商讨对策。鉴于不知道广东区委的对策和行动计划，同时也需要准备时间，会议决定采取缓兵之计，由吴振民复电国民党广东特别委员会和国民党惠州驻军第十八师师长胡谦，假称"拥护清党"，阻止其向海陆丰派兵，并决定5月1日在海丰、陆丰、惠阳、紫金四个县同时举行武装暴动。

4月25日，国民党反动派对起义有所觉察，紫金县长郭民发派人到处搜捕时任东江特委委员的刘琴西。刘等果断决定，将原计划于4月30日晚在海丰、陆丰、紫金三县同时起义的时间提前于26日深夜在紫金举行。是日深夜，各路农民武装1000多人，突然包围紫金县城，配合城内的刘琴西、刘乃宏率领的起义队伍顺利地收缴了国民党反动派掌握的军警全部武器，逮捕了县长郭民发等10多人，释放了被监禁的无辜群众。在海丰，以吴振民为起义总指挥，率起义群众于5月1日黎明进攻县城，收缴了国民党反动派掌握的县署游击队及第一警察署的枪械，汕尾盐警队

100多人也被缴械。第一次农民武装起义取得了胜利。

5月1日，海丰、陆丰、紫金三县同时召开了万人群众大会，各自成立了由共产党人和国民党左派共同组成的县临时人民政府。

上午10时，在海丰、陆丰县城举行了庆祝"五一"劳动节大会，各群众团体列队进入会场，锣鼓喧天，旗帜飞扬。主席台上，县各界人民团体联合会、救党运动委员会、农工救党军及救党运动大同盟的代表就座，主席团主席致辞，公开揭露蒋介石和广东反动当局背叛孙中山所定的"联俄、联共、扶助农工"的三大政策，背叛国民革命，破坏国共合作，屠杀共产党人和工农群众，号召各界人民在中国共产党领导下建立和建设人民政府。海丰县临时人民政府宣布成立，实行国民党中央与各省联席会议决定的政纲。

海陆紫三县分别发表声讨蒋介石集团背叛革命的宣言，号召"召集人民会议，组织人民政府"，并提出"取消苛捐杂税；对反革命实行革命的制裁；救济粮食；豁免追征旧粮，预征钱粮，及取消契税抵纳券；实行中央与各省区联席会议政纲"等五项"最低限度"的政纲。

对于农民运动开展最早，发展也最迅猛的海陆丰和起义规模较大的海陆各县，国民党广东当局视其为眼中钉，仇恨万分。他们从惠州、汕头等地紧急调动三个团的正规军，两面夹攻紫金和海陆丰。在强敌压境之下，紫金县农民武装首先撤出县城，海陆丰农军在与来犯敌军一个团激战一天后，也于5月9日放弃县城，撤到陆丰县的新田。农军退出后，国民党军队占据县城和主要乡镇，并派兵到各地"清乡"，扶持反动势力对革命群众进行摧残，由于敌我力量悬殊，起义相继失利。

5月中旬，东江特委召开各县党组织及农军负责人的扩大会议——决定将会合于陆丰县新田的各地工农武装的骨干1000多人组成"惠潮梅农工救党军"（简称"农工救党军"）。以吴振民为总指挥，杨石魂为党代表，设立总指挥部，下辖两个团。海陆丰农军编为第一团，吴振民兼团长和党代表，副团长于昆；潮汕各县农军编为第二团，钟鼓为团长，李芳岐（李运昌）为党代表。并成立由吴振民、杨石魂、林甦、李芳岐、余创之为委员的"前方特别委员会"，负责这支队伍党的工作和军事指挥。

5月下旬，农工救党军总指挥部决定队伍北上，避开敌军的夹攻。队伍北上途中，遭受国民党军尾追阻截，经过多次激战，队伍消耗很大，只好退往江西地境，进入湖南的桂东、汝城。在汝城期间，总指挥部先后派林甦、杨石魂等到武汉向中共中央报告情况，请示行动方向。部队北上途中，到达湖南郴县时获悉发生"马日事变"，国民革命形势发生变化，队伍遂退回湖南汝城，参加当地的农工运动。8月初，汝城反动势力勾结国民党军范石生部袭击汝城，农工救党军大部分被打散，吴振民等20多人牺牲，陈魁亚、黄强、彭桂等人突出重围后，几经辗转回到东江地区。

海陆丰农军大队离开海陆丰，转战湘赣，失败于汝城，这是海陆丰农民武装最惨重的损失，也使海陆丰的共产党组织失去两年多来赖以保卫农民协会、发展革命势力的一支农军主力。

在农工救党军北上的同时，东江地区各县的党组织带领起义保存下来的力量，与敌人周旋于广大农村。

1927年5月9日，驻惠州反动军队进攻海丰，海丰县城陷入敌手，农军被迫退往北部山区。海陆丰地委将留下的地方武装转入农村，掌握了广大农村政权，并通过发动大规模的抗租抗税运动与敌人进行斗争。

（二）第二次武装起义

第二次武装起义与南昌起义军有着极其密切的关系。

8月1日，南昌起义爆发。8月3日，中共中央决定在工农运动基础较好的地区发动秋收暴动，并发布了《关于湘鄂粤赣四省农民秋收暴动大纲》，指出"这次抗租抗税的暴动是土地革命急剧发展之新阶段，他至少要动摇反动的新旧军阀的政权，在湘粤则有建立新的革命政权的可能的前途"。8月7日，中共中央在汉口召开紧急会议（"八七会议"），会议清算了以陈独秀为代表的右倾机会主义错误，确定了土地革命和武装反抗国民党反动派的总方针，号召农民进行秋收起义。

8月中旬，南昌起义军南下广东，准备重建广东革命根据地的消息传到海陆丰，使正在抗租斗争中的农民受到极大的鼓舞。

8月下旬，中共海陆丰地委收到了中共中央关于秋收起义的计划，广东省委改组和《暴动后各县市工作大纲》等文件也先后收到。通过文件学习，认清了全国的形势，明确了革命方向，找到了出路，清楚了当前的行动纲领与政策。同时认识到海陆丰前段时间退守农村所采取的一系列措施，如整顿健全党与农会等群团组织，加强农军训练与扩大，结合农民切身利益，宣传土地农有，全力领导抗租斗争，争取在农村中积聚雄厚革命力量等等都是正确的，符合"八七会议"精神与广东省委的行动纲领。海陆丰的党组织和人民大为振奋，斗争方向更加明确。

8月下旬，中共广东省委派黄雍以特派员身份到海丰，组织成立海陆丰暴动委员会（简称"海陆丰暴委"），以作为公开机关，指挥海陆丰地区的武装斗争。

9月初，南昌起义军即将入粤，为接应起义军，中共海陆丰地委、暴委决定举行第二次武装起义。海陆丰地委决定在海丰原有区乡农军的基础上，挑选精干组建两个大队，由林道文和杨望率领，分别在西北和东南两大地区活动。两县组建的常备队，称为工农讨逆军。

9月7日，工农讨逆军攻占陆丰大安。8日，乘胜收复陆丰县城，东江革命委员会在陆丰县城宣告成立。同日，在海丰攻占青坑、公平，国民党军队一个连投诚。10日，工农讨逆军攻克汕尾，接着进攻海丰城，守敌不支，于15日逃遁。两县收复后，整顿各级党组织，地委改为海陆丰县委，海丰、陆丰两县分别成立工农临时革命政府，区、乡由农民协会接管政权。临时革命政府宣布没收土地和反革命分子的财产，镇压反革命，扩充革命武装。当时，海陆丰县委已意识到在敌强我弱的形势下，需要建设根据地以作长期武装斗争，把缴获的重要物资运往两县山区，重点建设海丰、陆丰、惠阳三县结合部的公平之黄羌、新田之激石溪、高潭之中峒一带山区为农军防地。

9月25日，国民党军队驻惠州胡谦师派一团伙同海陆丰保安队入侵海丰、陆丰，临时革命政府主动撤出两县城，海陆丰县委迁驻黄羌，海陆丰革命根据地进入了创建阶段。

（三）第三次武装起义

1927年10月上旬，南昌起义军领导人周恩来、贺龙、叶挺、彭湃、聂荣臻、刘伯承、林伯渠、恽代英等抵达海陆丰，在海陆丰党组织和群众掩护下，许多领导人和非武装人员先后离开海陆丰渡海往香港或上海。10月9日，南昌起义军余部1200多人在董朗率领下到达海丰朝面山，不久改编为工农革命军第二师（后称"红二师"）第四团，董朗任团长，颜昌颐任党代表。红二师的到来，强化了海陆丰的武装力量。

1927年10月中旬，根据中共中央南方局和广东省委关于"省委认为广东土地革命运动仍是高涨，暴动的计划仍应继续实现"和"扩大土地革命与建立工农兵政权的宣传。土地革命应根本打倒地主制度……政权应归于工农兵代表会（苏维埃）"的指示，东江特委决定举行海陆丰第三次武装起义。

　　东江特委和东江革命委员会原计划于11月7日在海陆丰举行第三次武装起义，掀起土地革命高潮。10月底，国民党军李济深部与张发奎部发生冲突，驻惠州的李部师长胡谦被杀，引起在海陆丰的李部驻军陈学顺团的恐慌。东江特委决定利用敌人内部混乱的有利时机，提前举行海陆丰第三次武装起义。

　　第三次武装起义战斗于10月25日打响。起义军在南昌组编的工农革命军第二师的配合下，于10月30日第三次武装夺取政权，先后占领海丰、陆丰全境和惠阳、紫金的部分山区，11月中下旬，陆丰、海丰两县苏维埃政府相继成立，在彭湃的领导下，各地纷纷推翻旧政权，实行土地革命，逐渐形成了包括海丰、陆丰全县和惠阳、紫金部分地区的革命根据地。

　　10月30日，红二师第四团第一营在海丰县公平区农军的配合下攻占了公平。各地农军纷纷响应。梅陇、汕尾等区乡先后被农军占领，海丰县城处于农军的包围之中。国民党驻军陈学顺团见大势已去，于11月1日撤出海丰，向惠州方向溃退。起义军乘胜进占县城。几天之内，海陆丰农军在红二师的支持下，相继占领了海陆丰两县大部分区乡，取得武装起义的胜利。与此同时，惠阳县高潭区、紫金县的炮子区及五华县的部分地区也先后举行暴动，并取得了胜利。

　　海陆丰第三次武装起义胜利后，东江特委以东江革命委员会的名义通电全国，向中共中央及全国人民报告喜讯。电文说"自中国国民党领袖蒋介石、汪精卫等背叛革命以来，国民党已成为屠杀工农压迫群众之反动政党，各派军阀玩弄之工具，青天白日之旗帜，亦已成为白色恐怖之象征。中国之垂成之革命，遂断送于反动国民党之手。各地工农惨遭屠杀者，不可以数计，广东工农受祸尤剧。本委员会受中国共产党之指挥，与工农群众之委托，率领东江工农，艰苦奋斗数月，曾两占海丰、陆丰县城，杀戮地主豪绅，义无姑纵。现本委员会又率领工农革命军，即日进驻海陆丰、紫金各县，实行宣布没收土地，铲除杀戮地主豪绅，财产均行没收，归本委员会管理，分配给佃农、无地农民、兵士及被难者家属与一切贫民，并即日召集工农兵代表大会，组织苏维埃政权，一切设施均听命于中国共产党。望各地工农群众，一致兴起暴动，夺取政权，建设工农兵代表会"。

广东省委获悉海陆丰武装起义胜利的消息，立即致电东江革命委员会和红二师，指出："赖诸同志之努力，使本党旗帜飞扬于海陆丰、紫金县境，数十万穷苦农民同志闻风兴起，为铲除豪绅地主奋斗，本委员会甚为嘉慰。望更积极扩大土地革命之宣传，没收一切土地归农民，并助五华、普宁、潮阳一带奋斗之农友，根本覆灭地主阶级之势力。且进而摇动推翻东江反动军阀之政权，以促成全省农工之大暴动。"

在海（丰）陆（丰）惠（阳）紫（金）起义胜利后，东江特委一方面指示红二师配合各地农军扫除残余反动势力，另一方面又派干部到各地开展工作，扩大战果。为了展示海陆丰武装起义的力量，扩大土地革命的宣传，11月7日在海陆丰两县城分别召开了"十月革命纪念大会"。当天，海丰县城的会场一切装饰都用红色，到会群众6000余人。开会前，海丰县苏维埃政府处决了一批反动分子，并在会场当众焚毁许多田契，人民群众拍手称快。大会发表通电，宣告在中国共产党指导下，朝着铲除封建势力、实行土地革命、建立苏维埃政权的目标奋斗。

三次武装起义的胜利，进一步激发了红海湾人民的革命热情，增强了建立人民政权的信心和决心。

二、海丰七区（田墘区）苏维埃政权的建立

第三次武装起义的胜利，揭开了东江秋收起义的序幕。由于

广东省委改组，张善铭调省委工作，广东省委随即指示彭湃迅速返回海陆丰，主持苏维埃的创建工作。对于创建工农兵苏维埃政权这项全新的工作，广东省委曾专门致函海陆丰县委，指示县委"召集工农兵代表大会，组织苏维埃，乡区即以当地之农民协会接收政权，实行分配土地……详细具体办法，可与（彭湃）同志协商一切执行"。随后，东江特委作出部署，"限海陆（丰）各县于五天内召集工农兵代表大会，实行产生苏维埃政府"，并对苏维埃政府组织方法作出明确规定。

11 月 8 日，彭湃从海丰率领红二师第四团到陆丰，协助农军攻打反动势力的据点，开展苏维埃的创建工作。11 月中旬，海陆丰两县苏维埃政权成立，在此前后，汕尾、高潭等区级苏维埃政权相继成立。

随着海丰县苏维埃政府的成立，不久，海丰县七区（田墘区）苏维埃政府也在田墘圩成立，政府设于田墘红楼，刘友兰担任苏维埃政府主席。

当时，红海湾境域有一些较大的乡也成立了苏维埃政府，其中历来由 14 个自然村组合在一起的遮湖乡成立了"遮湖（八乡）苏维埃政府"，办公地点设在东尾村农会。

重大事件与历史功绩

一、重大事件

在第一、第二次国内革命战争期间，红海湾境域发生过许多事件，较为重大的有：

（一）新塘岭战斗

1928 年 3 月 2 日，国民党海军第四舰队在海面炮击汕尾，策

红四师十团新塘岭战场旧址（林嘉鑫摄于 2017 年 11 月）

应蔡腾辉部向鹅埠、鮜门、梅陇进攻。其第十一师李振球团500人从海丰县城到达汕尾郊区后，向红军和当地农军多次发动进攻并占领了汕尾港。3 月 3 日早晨，红四师十团奉命会同县赤卫队向汕尾之敌发起反攻。至 11 时，敌方大败。正当李振球部之第十一师三十一团二营准备向红四师投降之际，在汕尾港的敌舰派出海军陆战队登陆救援，红四师腹背受敌，不得已退至大德岭下之大湖和外湖等近山的山村。其间，程子华所在的十团在内湖新塘村山岭与敌人展开激烈战斗，双方均有伤亡。由于红四师十团的将士浴血战斗，终于击退了敌人。内湖赤卫队员和民众赶到战场，把红军战士（含伤员）掩护隐蔽在新塘村后的笔裂山洞。此洞后来被称为"红军洞"。

战场旧址先为荒埔，中华人民共和国成立后尤其是人民公社化时期，部分稍为平坦的地方，被开垦作为农田耕作。

（二）护送程子华和红二师战士渡海

1928 年 3 月 3 日，红四师协同沿海赤卫队反攻汕尾不克，退到大德岭下的新塘岭，与国民党十一师三十一团李振球部展开激烈战斗，后因在汕尾港的敌舰派出海军陆战队增援，红四师处于劣势。由于红四师将士英勇奋战，终于击退了敌人。内湖赤卫队员和民众赶到战场，把红军将士（其中有伤员）掩护到新塘村后的笔裂山洞（后称为"红军洞"）。根据上级指示，当地党组织安排了以陈庆广为首的近 10 名可靠赤卫队员，用帆船把程子华等部分将士连夜从池兜澳护送出海。此后，国民党和地方反动武装多次进攻红四师留在内湖的连队。为了保护红四师将士的生命安全和攻打惠来城的需要，按照上级的指示，内湖赤卫队员冒着生命危险，又在池兜澳把约 20 名红四师将士用帆船安全送至白沙湖对面的金厢和碣石。

内湖赤卫队员在池兜澳两次冒着生命危险把程子华等红四师

将士安全送达目的地。

程子华等红四师将士渡海处（林嘉鑫摄于 2017 年 11 月）

（三）护送南昌起义军将士渡海往香港

1927 年 8 月中旬，在红海湾遮浪海面负责警戒的农会会员截获了一艘渔船，船上载着 20 名左右的中青年人，操着普通话口音，会员们怀疑是来犯的国民党之散兵游勇，就把他们抓了起来。被抓的人看到农会会员竹笠上打着农会的标志，便说明他们是南昌起义的战士；他们在潮汕地区受挫，组织上安排他们乘船往香港。经查证，他们确实是南昌起义的将士，其中有团长 1 人，营长 1 人，革命委员会的科长数人，有几名是武汉革命学校的学生。其中还有一名女战士，名袁俊德，她原在革命委员会保卫科工作。为了妥善处理这一事件，时任遮浪乡党支部书记的曾昭祯（又名曾昭贞、曾绍贞），连夜跑到湖内向领导杨铁如报告。杨铁如又带着曾昭祯当即到十三乡向特委郑志云请示。郑志云核实情况后，指示杨铁如和曾昭祯先把这批将士安置在农会控制区内较为安全的大德岭下的小山庄住下。过了几天，杨铁如和曾昭祯等安排这批将士在遮浪宫前天后宫和小澳天后宫隐蔽下来。当时，由于要护送红军将士往港的两艘帆船不大，每船只能载10至13人，兼之这段时间的潮汐多有变化，据此，为了保障安全，党组织采用果断措施，将红军将士分为两批，由遮浪片的合港村、遮湖片的桂林村和东尾村的渔民分别从遮浪合港澳口和桂林小澳用渔船把20多名红军将士顺利送达香港目的地。

遮浪合港和小澳两处遗址尚存。

（四）数百勇士浴血围攻捷胜城

1927年11月初，根据上级战斗部署，红海湾农会会员、赤卫队员近300人，参加由第七区（田墘、捷胜、遮浪）和第五区（汕尾片）为主力的围攻捷胜城的战斗。由于敌强我弱，屡攻不下，伤亡严重。

11月18日至21日，在海丰县城召开工农兵代表大会。18日，在听完代表们的演讲后，第七区代表临时动议，说"国民党反动民团尚有一部分死守捷胜城，为第五区及第七区工农革命军围困，但城尚未攻破；要求大会即日派大队前往助战，务求早日将该区反革命派肃清；同时，由大会派代表前往慰劳围攻捷胜城的工农革命军"。临时动议即时得到全体代表通过后，即请工农革命军第四团派一连前往助战，限期攻破捷胜城。下午2时全体代表团集队送革命军出征，彭湃对该队致辞。19日上午10时10分，临时革命政府接汕尾电话称：赴捷工农革命军今早6时下总攻击令，8时许破城，计生获俘虏30余人，缴枪70余杆。"会场闻讯，欢悦异常，高呼口号，鼓掌雷鸣，同时军乐队奏乐志庆。一时欢声充满全场，情形万分热烈，实非笔墨所可描写也……"21日上午9时30分，会议"主席即临时报告顷接汕尾电话，攻捷胜革命军已于今早六点由汕尾起行，约十一时可抵县，现在我们应列队往谢道山迎接……"，"当即在会场前集队，由军乐队前导；参加者有农会工会学会教联会妇女协会等全员。及驻县工农革命军，苏维埃政府赤卫队等，共约万人"，"迎见后即同回龙舌埔开欢迎会"。

在这场严酷的战斗中，红海湾籍的战士们，英勇无比，牺牲多人，为战斗的胜利立下不朽战功。

二、历史功绩

惊天动地的海陆丰农民运动和中国第一个苏维埃政权的创建，其光辉历史彪炳千秋，名扬四海。彭湃是"农民运动大王"。海陆丰苏维埃政权的创建，是中国革命斗争史上的伟大创举。中共中央机关刊物《布尔什维克》发表了《中国第一个苏维埃》的文章，称海陆丰苏维埃的建立"实开中国革命史上光荣记载的伟大革命前途的新纪元"，"在中国革命之中，这是第一次由几万、几十万农民群众自己动手实行土地革命的口号，第一次组织成立工农兵群众的无限制的政权"；并提出"它的经验应当充分运用到一切农民暴动中去"。"大革命失败后，中国革命处于转折阶段，全党都在寻找新的革命途径。海陆丰的共产党人没有消极等待和观望不前，他们用自己继续革命的行动和对于党的事业的无限忠诚做出了一种选择。他们领导海陆丰人民高举武装斗争和土地革命的旗帜，举行了三次起义，创建了全国第一个县级苏维埃政权。这一非凡的创举，唤起了工农群众在中国共产党的领导下，向着国民党反动统治和地主豪绅阶级展开了新的武装斗争。"[1]

1928年1月，广州起义军改编的红四师到达海丰后，海陆丰实际上已成为扩大全东江割据的根据地和指挥中心。

---

① 马齐彬：《海陆丰农民运动和革命根据地建立的历史地位》，载《海陆丰革命根据地研究》，人民出版社1988年版，第7页。

（一）七区（红海湾）苏维埃政府成立以后，全面展开没收土地、烧田契、分田地、颁发土地证、镇压反革命的活动

红海湾作为海陆丰农民革命运动的重要组成部分，作出了巨大贡献。

早期，在彭湃的发动、组织和带领下，在中国共产党的领导下，广大民众信仰坚定，敢为人先，不屈不挠，浴血奋战。农会组织、赤卫队之多，农会会员、赤卫队员之众，组织健全，纪律严明，战斗力强，战绩之大，均列海陆丰沿海地区前茅。

为海陆丰农民运动获得成功，为苏维埃政权的创建，红海湾农会会员、赤卫队员作出巨大的牺牲，人民大众付出了巨大的努力和代价。

（二）在听从指挥、服从大局的同时，红海湾当地的革命斗争如火如荼，威震南疆，成绩卓著

红海湾境域的农会和赤卫队，在当地开展革命斗争取得了很好的成绩，出现了"一切权力归农会""红旗漫卷南海疆"的大好形势，成为海陆丰农民运动在沿海地区的一支重要力量。

（三）中流砥柱，人民楷模

从创建农会到苏维埃政权的建立，海陆丰的党组织迅速发展，党员增至 1.8 万人，约占全国党员总数的十分之一。时红海湾的党组织不断壮大，组织领导着农运，发挥着中流砥柱和无可替代的作用；党员人数逐步增加，广大党员发挥着模范带头作用。他们不怕苦，不怕牺牲，冲锋在前，不屈不挠，彰显着共产党员的铮铮铁骨和高尚风范。农会、赤卫队的组建，饱含着他们的心血；每一次斗争，他们总是冲在前头；他们忠心耿耿，视死如归。曾昭祯、罗章彩、童德昌、王桂英等便是典型代表。他们都是受国民党反动派的酷刑（砍头）而壮烈牺牲的。有史可查，在土地革命斗争中，红海湾境域牺牲的烈士 141 人，其中共产党员 128 人，

占党员总数的 90% 以上。

为了革命，红海湾境域的人员伤亡及财产损失极为严重。时红海湾境内凡有农会的乡村，均难逃烧、杀、拆、毁、赶之劫。据不完全统计，当时全村被烧光俗称"破乡"的有田墘内湖的新塘村、菜头篮村和遮浪四石柱村的上乡等。被烧毁的房屋近 200 间，被杀害的农会会员和赤卫队队员近 200 人，还有数以百计的群众被杀害。

（四）促进其他社团组织建设，成为中国共产党的有生力量

在土地革命战争时期，红海湾境域内还成立了几个革命社团组织，他们在共产党的领导下，主动配合开展农民运动，为革命事业作出了重大贡献。其间，成立多个妇女解放协会、工会、教联会、儿童团，主要有：

1. 妇女解放协会（1927 年 5 月—1930 年 12 月）

田墘圩妇女协会	会长	王桂英（女）	
湖东村妇女协会	会长	李学科（女）	
石岗寮村妇女协会	会长	吴桂兰（女）	
过洋埔村妇女协会	会长	李 仔（女）	
湖东村妇女协会	会长	吕尾仔（女）	
南町村妇女协会	会长	林 抽（女）	
上内寮村妇女协会	会长	郑 大（女）	陈 侈（女）
下内寮村妇女协会	会长	吴 溜（女）	
坑美村妇女协会	会长	陈 银（女）	陈 桠（女）
庄社村妇女协会	会长	陈梅仔（女）	
浮山村妇女协会	会长	戴 三（女）	
塔仔村妇女协会	会长	（待查）	
合港妇女协会	会长	周霖斟（女）	
新湖村妇女协会	会长	黄 遮（女）	

2．工会（1927 年 5 月—1933 年）

七区工会	会长	刘守跃
七区遮浪工会	会长	曾广赎
七区田墘南町工会	会长	刘妈泗

3．教联会

海丰七区教联会	负责人	曾昭庚

4．儿童团

田墘圩儿童团	负责人	罗宏贞
四石柱村儿童团	负责人	胡万寺

附：1921 年至 1949 年红海湾境域党组织的一些情况

1923 年，海丰"七五农潮"后，海丰的社会主义青年团部分团员，转移到广州参加革命活动。1924 年，一批团员转为中国共产党党员，为海丰建立党组织打好基础。

1925 年 2 月，广东革命政府举行第一次东征。2 月 27 日，许崇智、周恩来率领的东征军以及随军的谭平山、彭湃和苏联顾问鲍罗廷、加伦将军抵达海城，彭湃留在海陆丰工作。3 月初，在周恩来、谭平山的指导下，彭湃在海丰建立中国共产党海丰支部。4 月间，中共海丰支部改称为中共海陆丰特别支部，隶属中共广东区委。

1925 年 9、10 月间，广东革命政府组织国民革命军举行第二次东征，于 10 月 22 日克复海丰县城，彭湃随军返回海丰。10 月 29 日成立中共海陆丰地方委员会，彭湃任地委书记（1926 年 9 月后由张善铭继任），驻地海丰县城，隶属中共广东区委。1926 年冬，海丰各区特支改称为部委。时红海湾境域党组织归属中共海丰县第七区部委，负责人杨小岳、颜汉章。

1927 年 4 月 12 日，蒋介石叛变革命后，广东地区国民党反动派在广东各地搜捕屠杀共产党人和革命群众。4 月 20 日，中共海陆丰地委接到海丰农军大队长吴振民的报告后，决定于 5 月 1 日清晨举行武装起义。当日夺取政权后，全县武装和工农会集县城举行纪念五一劳动节、庆祝起义胜利大会。同时成立海丰县临时革命政府。时红海湾境域武装力量参加了起义斗争，选派群众代表参加在县城举行的纪念五一劳动节、庆祝起义胜利大会。

1927 年 5 月 9 日，驻惠州胡谦部刘炳粹团占领海丰县城，中共海陆丰地委撤退至农村。9 月，根据省委指示，中共海陆丰地委改称为中共海陆丰县委，驻地海丰县朝面山一带山区。10 月间，省委决定中共海陆丰县委改组为海丰县委、陆丰县委。

1927 年 8 月中旬，中共东江特委为了配合南昌起义部队南下，决定再次发动起义。9 月 7 日至 16 日，海陆丰举行了第二次武装起义并取得胜利。9 月 17 日，海丰县、陆丰县分别成立临时革命政府。

1927 年 10 月 9 日，南昌起义部分武装抵达海丰朝面山和中峒，后整编为中国工农革命军第二师（称红二师）第四团。10 月底，海陆丰工农革命军在红二师的配合下，举行第三次武装起义，再次光复海丰、陆丰县城。11 月中旬，举行中共海丰县第一次党员代表大会，选举产生海丰县第一届委员会。时红海湾境域党组织选派了多名代表与会。后田墘罗景被选为海丰县苏维埃人民委员会工商业委员会委员。

1928 年 1 月下旬，举行中共海丰县第二次党员代表大会，改选县委，实行常委制。时红海湾境域党组织也选派了多名代表与会。

1928 年 7 月 1 日至 2 日，在海丰莲花山举行中共海丰县第三次党员代表大会，选举产生海丰县第三届委员会。时红海湾境域党组织选派了代表与会。

1928 年秋，国民党军队疯狂"围剿"革命根据地，致使海丰、陆丰、惠阳、紫金各县与迁移大南山的东江特委机关无法取得联系。经中共海丰县委代表提议，1928 年 10 月 6 日，召开海、陆、惠、紫四县代表大会，商定成立海陆惠紫临时特委。10 月 26 日经省委批准为海陆惠紫特委。12 月，省委指示海陆惠紫特委改为中共海陆紫特委（惠阳直属省委领导）。

1929 年 6 月，海陆紫特委扩大为海陆惠紫特委，恢复海丰县委。

1930 年 5 月下旬，中共海陆惠紫党员代表大会在惠阳多祝三坑召开。11 月，中共闽粤赣边区党代会决定东江特委并入闽粤赣边区特委。东江地区设西北、西南两个分委，中共海陆紫县委成立，隶属西南分委。1931 年 6 月隶属东江特委。

大革命失败后，国民党当局实行白色恐怖，对共产党员、革命干部、红军战士、赤卫队员和革命群众进行大屠杀。红海湾境域党组织于 1934 年秋暂停活动。

1937 年至 1949 年，红海湾境域的田墘和遮浪属海丰县第四区。

1937 年 8 月，海陆丰党组织逐步恢复。12 月，在广州的地下党员郑重回汕尾开展抗日救亡，曾到红海湾境域的北山村开展革命活动。

1938 年 7 月间，省委派郑重整理、统一海陆丰党的组织，成立中共海陆丰工作委员会。

1939 年 2 月，中共东江特别委员会成立，郑重参加成立会议，当选为特委委员。根据特委决定，3 月间成立中共海陆丰中心县委，驻地汕尾。1940 年 8 月，东移海陆丰的曾生、王作尧抗日游击队返回东宝惠抗日前线后，根据上级指示，中共海陆丰中心县委撤销。曾生、王作尧带领的抗日游击队东移海陆丰时，曾在红海湾境域的北山村留宿、开展抗日斗争。

1941年1月，日军登陆侵占汕尾及海陆丰沿海地区，中共海陆丰中心县委重新成立。红海湾境域的广大人民群众在当地党组织的领导下，与日本侵略者作斗争。1942年9月，中共海陆丰中心县委体制改为特派员制。

1942年5月，"粤北事件"发生，党组织执行"隐蔽精干、长期埋伏、积蓄力量、以待时机"的方针，暂停活动。1943年冬恢复组织活动后，设特派员。时红海湾境域属捷胜田墘片，联络员有：许昌炽、李民、杨蓬、李火。

1945年初，日军再次侵占海陆丰沿海地区。4月，东江特委决定，重新成立中共海陆丰中心县委。

1945年8月，日本宣布投降后，中共海陆丰中心县委撤销，军队和地方党组织分开领导，海丰和陆丰分别成立县委。9月，中共海丰县委在大安峒成立。此后，由于国民党军队进攻抗日游击队，搜捕共产党员，红海湾境域部分曾公开开展斗争的党员转移到香港或外地。

1938年11月至1945年9月，海丰县各区陆续建立区委，由于形势发展变化，区委人员调动频繁，任职地区和时间不固定，同在第四区担任过区委委员的有：蔡烈、李民、何世汉（何竹）、刘焕章、何鼎元、许昌炽、杨蓬、李火、罗烈忠（罗孝）、何熊光。

1945年5月，第四区成立抗日民主政府，区长许昌炽，参议长何熊光，区武装大队长吴丰正，政委许昌炽。

1946年夏，江南地委海陆丰特派员李果在田墘传达上级指示，包括海丰县委书记王文在内的10位海陆丰地方干部参加北撤，并决定王文、郑达中往香港接受广东区委的新任务。中共海丰县委改为特派员制，隶属广东区委，以汕尾、田墘、捷胜为立足点，流动指导这一带及其附近地区的党支部或小组。

1947 年 3 月，在赤石大安峒成立中共海陆丰中心支部，后改为县委，逐步审查整理建立健全党的基层组织。中共海陆丰县委初期隶属广东区委，后属江南特派员、江南地委，驻地大安峒。

1948 年 12 月，江南地委决定海陆丰两县党、政、军分开领导。时红海湾境域党组织接受海丰县委派驻东南沿海地下组织的领导、指导，组织员余叶、陈苏。

1949 年 1 月，中共海丰县委成立。2 月成立海丰县人民政府，初期称海丰民主县政府，后来才称县人民政府。县人民政府成立后，各区政权先后改为工委，乡改称或新成立乡人民政府。1949 年秋，成立田捷遮流工作委员会，红海湾境域的田墘、遮浪归其管辖，主任曾达明。

第三章

众志成城 抗倭灭寇（1937—1945 年）

第一节 铁蹄践踏 烽火连天

一、灾难深重的红海湾

自 1931 年至 1945 年这一时期，红海湾灾难深重。一是日军多次犯境，到处实行"三光"政策，给红海湾人民带来极大灾难，仅"九条龙"事件，东尾村就有陈红柿等 12 名渔民惨遭杀害。二是国民党反动民团无恶不作，欺压百姓。三是盘踞在海岛的海匪为非作歹，横行乡村。四是自然灾害极为严重，尤其是 1942 年、1943 年的大饥荒，或家破人亡，或离乡背井，求乞为生，"死人遍埔"，惨不忍睹。

在这国难当头、极其艰苦的时期，红海湾人民万众一心，抗击日本侵略者，与国民党顽固派进行针锋相对的斗争。

二、抗日救亡工作的开展

1930 年，世界经济危机波及日本。为了转移日益激化的国内矛盾，日本加快了武力侵华的步伐，于 1931 年的 7 月和 8 月，在东北制造了"万宝山事件"和"中村事件"。9 月 18 日，日本驻东北地区的关东军突然袭击沈阳，制造了九一八事变，发动了侵略中国东北的战争。自此以后，中日民族矛盾上升为主要矛盾，中国国内的阶级关系出现了明显的变化。在中国共产党的号召下，红海海境域的人民与全国人民一起，掀起了抗日救亡运动。

"七七"卢沟桥事变发生后，时在海城任教、就读的红海湾籍进步教师和青年学生，踊跃参加共产党领导的游行宣传活动。他们纷纷走上街头，宣传抗日救国主张，救亡活动如火如荼。

在田墘、遮浪等地，抗日救亡宣传活动也搞得轰轰烈烈。时因未能顺利入读中学而辍学在家的黄绍强（黄旭华）和一批进步学生不顾生命安危，参加了民间抗日宣传队，利用游行、排演文艺节目等形式开展宣传活动。

1937 年 5—6 月，由中共党员林农、黄锦家、王文魁等发起，在海丰县组织了"青年抗日同志会"（简称"青抗会"）。1938 年 1 月，"青抗会"在海城成立。到 1939 年，会员已发展到 5000 多人，红海湾境域有不少进步学生和青年农民也参加了该组织。"青抗会"在中共海陆丰中心县委领导下，积极开展各项抗日救国运动。1940 年 3 月，海丰国民党部下令解散"青抗会"后，红海湾籍的不少会员仍勇敢坚持战斗，为抗日部队带路、送情报、做掩护等等，在抗日救亡运动中，成为一支朝气蓬勃、富有战斗力的战斗队伍，为抗日救亡写下了光辉的一页。

同仇敌忾　奋起抗战

一、建立抗日根据地

日军数次入侵红海湾境域，富有革命斗争精神的红海湾区境人民，在共产党的领导下，同仇敌忾，与日军作殊死的斗争。

为了有力抗击日军，各乡村以原有农会和赤卫队为基础，分别成立护乡队，建立抗日根据地，形成纵横相连格局。组织有经验的赤卫队员多次参与在海城、汕尾、马宫等地抗击日军的战斗。配合抗日部队或游击队与敌人作不懈斗争。

1940 年 3 月，曾生率领的第四战区第三游击纵队新编大队，东移海陆丰。是年 6 月，部分队伍从可塘转移汕尾，途经田墘，得到田墘党组织和群众的欢迎、配合。队伍在田墘北山村罗锦长和罗翰等家里住宿。抗日根据地人民的革命精神和对人民军队的鱼水深情，给入住官兵留下深刻的印象。同时，曾生等还组织当地农民武装与游击队配合作战，或自行组织袭击日军的战斗，不仅有力地打击了敌人，又使当地的抗日队伍得到锻炼。

二、成立抗日民主政府

随着全国抗日战争进入反攻阶段，东江纵队第六支队挺进海陆丰，广泛出击日军。为了扩大抗日成果，更好地领导广大人民群众有力地消灭日军，取得最后胜利，1945 年 5 月，在时属海丰县第四区的田墘外湖埔上村举行人民代表大会，成立"海丰县第四区抗日民主政府"，推选了政府组成人员：区长许昌炽，副区长何熊光，参议长罗烈忠，副参议长陈庆广。

三、开展人民战争

日军曾多次犯境。在没有正规抗日部队和较大的抗日队伍的情况下，红海湾人民发扬大无畏革命精神，发挥聪明才智，开展人民战争。

1943 年，日军入侵田墘，田墘人民万众一心，奋起抗击。群众以敲铜锣为号，把日军逼退，有日军掉进厕所里，狼狈逃窜。当时有一首名为《田墘人民孬欺负》的革命歌谣记载了这个事件："一九四三年，日本鬼仔入田墘；雨仔湿阿湿，机关枪哒哒哒。田墘人民孬欺负，铜锣一响叱掠贼，惊到鬼仔泄屎尿，走逃无路跋落学（厕所）。"

东尾村与日军有不共戴天之仇，东尾村有 12 名渔民在"九龙事件"中被日军杀害。1943 年，日军在遮浪到处实行"三光"政策，其中有两个日军士兵窜入东尾村。东尾村人民发觉后，敲锣为号，全村出动，紧闭寨门，"关门打狗"，终于把两个日军士兵收拾掉。

此后，凶恶的日本侵略者，较少在红海湾境内活动。

四、讲究策略团结对敌

由于革命斗争的起落频繁，国民党反动民团的活动也变化无常，尤其是田墘圩，反动势力相对顽固。因此，红海湾的地下党对田墘圩加倍重视。采用灵活策略，分化他们，对有爱国心的团丁分别对待，争取他们在抗击日军侵略和反抗海匪的斗争中站在人民一边。

红海湾三面临海，龟龄岛等几个较大的岛屿，都有海匪盘踞。这些海匪不仅日常骚扰、抢夺过往商船货轮，也不时地到陆地上掠夺滋事，给乡村民众带来祸害。红海湾人民也采取区别对待的方法，对带头为恶不仁者，举刀共诛；对一些因解决自身困境而投入贼窝者则多做劝解工作，减少仇恨。

由于采取有效的策略，在整个抗日战争过程中，红海湾构筑起抗日的铁壁铜墙，有效地压制了敌人的嚣张气焰。不少改恶从良的还主动站在人民一边，在抗日战争中做了有益的工作。

重大事件与历史功绩

一、重大事件

在抗日战争时期，红海湾人民团结一致，不屈不挠，浴血抗日，英勇灭寇，作出贡献，留下了不少可歌可泣的事迹。

合作军血染红楼

1941 年，嵌有"合作"两字用章的国民党第四战区六十五军一五八师四七二团，在团长黄植虞（进步人士）率领下前来海丰、陆丰、惠来抵抗日军，围剿伪军和海贼，团部驻陆丰县城龙山中学。是年 9 月 19 日（农历七月廿八）下午，该团营长朱金铭（紫金人）率领 300 名将士，从陆丰县城步行跨过湮港，越过大德山，20 日拂晓抵达田墘圩，接着扑向遮浪，一举打败游荡于田寮村五澳町的龟龄岛海贼，击毙匪首陈铁，歼匪 40 多人。海贼残部溃退遮浪岩，乘船投靠日本军舰。下午，合作军返回田墘，因大雨，营部驻红楼。21 日（农历八月初一）午夜，龟龄岛海匪向驻汕尾日军告密，日军倾巢而出包围田墘圩，朱金铭营长率部英勇抵抗，壮烈牺牲，官兵阵亡 81 名，被俘 42 名，被解往汕尾惨遭杀害。当时还有数十名群众被捕，其中有 22 名无辜群众，被扣上窝藏伤兵及枪械罪，当场被杀。之后，93 名殉难战士和一匹战马的遗体分别由田墘、遮浪、过洋埔和汕尾民众收葬。

为了纪念抗日合作军将士，田墘开明人士游克祯（又名游子干）发动民众，在收埋烈士遗体的秤钩地埔用灰沙夯筑了面积 40 平方米的大墓，并在墓旁为营长朱金铭和附葬的战马立了墓碑。1981 年，田墘社会贤达、民众支持政府的乡镇建设规划，将埋在秤钩地埔大墓的烈士遗骸迁葬于田墘雷公埔，建设英烈陵墓，面积 100 平方米。

2004 年，以田墘镇为主的社会贤达、民众，在红海湾经济开发区党委、政府的支持下，投资 1000 多万元，征地 70 亩，扩建位于雷公埔的英烈陵墓。历时四年，终将英烈陵墓建设成为规模较大，集历史、文化于一体的爱国主义教育基地。

二、历史功绩

抗日战争时期，红海湾人民爱国热情高涨，做出许多惊天动地的大事，作出了巨大的贡献。

（一）健全、壮大了党的组织。

1937 年 7 月—1945 年 9 月，红海湾境域隶属海丰县第四区。

1937 年抗日战争全面爆发后，受中共南方工作委员会指派，在广州任中共广州军委宣传干事的郑重，于 1937 年冬回汕尾组织"广州海丰学生回乡服务团"，开展抗日宣传，组织青年参加海丰县青年抗敌同志会，培养积极分子，发展党员，重建党的组织。

1938 年夏，郑重受中共广东省委派遣，回海陆丰整理、统一党的组织，先后建立海陆丰党的领导小组、工作委员会和中心县委。1938 年 10 月海丰县工委成立后，第四区委员会于 11 月成立，先后隶属中共海陆丰中心县委。驻地捷胜。

书记　蔡　烈（1938 年 11 月—1939 年 3 月）

组织　刘焕章

宣传　何世汉（何竹）

书记　刘焕章（1939 年 3 月—1940 年 10 月）

组织 蔡 烈

宣传 何世汉（后杨家齐）

1939 年 3 月，根据中共东江特委决定，成立中共海陆丰中心县委，驻地汕尾沁园，郑重任书记，下辖海丰各区委和陆丰县委。

1940 年 10 月—1942 年夏。1940 年，郑重调离汕尾后，由谢创继任县委书记。根据形势需要，改组第四区委，统一领导全区的党小组及党员，实行单线联系、隶属中共海丰县委。驻地捷胜。

书 记 何鼎元（后姚山）

组 织 蔡 烈（后李民）

宣 传 杨家齐（后杨蓬、李火）

1942 年 9 月—1944 年 4 月。1942 年"南委、粤北省委事件"发生后，遵照上级有关指示，海丰县停止党的活动，县设联络员，负责上下沟通，各区设分片联络员。1943 年 11 月恢复党的组织活动，海陆丰改设特派员，各区仍设联络员，负责与上级联系和向下沟通，后期各区成立区委，负责领导各区党组织。时田墘捷胜片（第四区）的联络员：许昌炽 李民 李火 何熊光。

1944 年 4 月，恢复第四区委员会，许昌炽任书记，隶属海陆丰特派员领导。1945 年 5 月，第四区成立抗日民主政府，隶属中共海陆丰中心县委，机关均驻捷胜。许昌炽改任区长兼区武装大队政委，区委书记由赖高担任，其他委员不变。

书记 许昌炽（后赖高）

委员 李 火 杨 蓬 李 民 何熊光

（二）听从指挥、服从安排。多次执行海丰县党组织和抗日领导机构的号召和安排，组织有经验的赤卫队员多次参与在海城、汕尾、马宫等地抗击日军的战斗。

（三）千方百计保护抗日武装力量。1940 年，曾生、王作尧带领抗日游击队从可塘来到红海湾区境，田墘北山等乡村，配合默契，冒死保护，使这支抗日队伍不损一兵一卒。

（四）立足本地，武装力量主动配合抗日主力部队，抗击、歼灭日军。困敌歼敌于海岸边上，切实保护人民生命财产安全。

当年抗日合作军幸存者李寅题词（刘文杏摄于红海湾抗日英烈陵园管理处）

当年抗日合作军人物简介·幸存者李寅（刘文杏摄于红海湾抗日英烈陵园管理处）

4

第四章

浴血奋战　终获新生（1945—1949 年）

第一节 血雨腥风红海湾

一、风雨欲来

1945 年 8 月 15 日，日本宣告无条件投降，抗日战争胜利。蒋介石为了发动内战，动用 100 多万军队向分布在包括广东的 11 个省的中共解放区和游击根据地进攻。从 8 月下旬开始，国民党广州行营在广东全省投入有美式装备的 8 个军 22 个师的兵力，采取"分进合围""填空格"等战术，对东江等各解放区进行反复"扫荡"，进驻海丰的张泽深第一八六师连续数月，对大安峒、明热峒、埔仔峒等东江纵队第六支队根据地轮番进攻。这时的红海湾，国民党顽固派也疯狂进行"反攻倒算"，形势十分严峻。第六支队则采取分散与集中相结合的方针，把武装力量分为长枪队布于山区，短枪武工队深入各区活动。

二、正面交锋

1946 年 6 月，内战全面爆发，国民党广东当局公然违背保证东江纵队复员人员安全的诺言，到处逮捕复员人员及其家属，粤东军政头目苏冠英于是年 7 月到海丰，同海丰县长黄干英在海城召开海陆丰两县联防会议，成立两县"清乡委员会"，以钟超武为主的地方武装，纠合县政警队，以所谓"住则"的方式实行"清乡"运动，大搞联防防保，拘捕杀害东江纵队复员人员、抗日进步人士和农会民兵骨干，对农民拉丁抢粮倒退租息，构罪陷害。时红海湾境域不少东江纵队复员人员、抗日进步人士和农会民兵骨干受害。

为保持地下党和群众的联系，保护群众利益，根据中共广东区党委的指示，东江纵队第六支队北撤时留下一挺轻机枪和 20 多支步枪，交由大安峒地下党员掩藏，留下庄歧洲等 5 男 1 女共 6 位人员的小股武装，在海（丰）惠（阳）交界的山区陈寮肚村隐蔽。原一区抗日民主政府区长蓝训材则带领部分干部到香港寓居待命。1947 年 1 月，蓝训材带领首批人员从香港回到大安峒，与留下的武装人员庄歧洲等会合，在黄山峒奎钟村开会，传达广东区党委关于恢复武装斗争的指示，同时成立"海陆丰人民自卫队"。

1947 年 3 月起，红海湾党组织根据上级关于实行"小搞"，准备"大搞"宣传发动群众开展反"三征"（征兵、征粮、征税）和"双减"（减租、减息）群众活动，动员青年参军，截击小股下乡拉丁催税的警队、所丁，袭击远离国民党军庇护的乡镇公所。形成了"共产党又来了""老共武工队胜似天兵神将"等声势，使国民党基层政权处于瘫痪状态，游击区域逐步扩大。同年 5 月，农村以"双减"为中心，并建立民兵武装，随后以海陆丰人民自卫队的名义，颁布《减租减息条例》。是年秋，队伍逐步发展。

1948 年初，根据上级指示，自卫队改称为人民自卫大队。是年 7 月，根据形势的发展，人民自卫大队改编为广东省人民游击队江南支队第五团，加强了领导，充实了机构，扩大了连队，对外仍称海陆丰人民自卫队。红海湾区田墘籍的王钊担任第四大队大队长，带领战士经常在当地开展革命活动。同时，把自己的居所作为领导人召集秘密会议的地方。经常在此活动的有刘志远等党组织和自卫队领导人。

第二节 唯有英雄驱虎豹

一、健全组织壮大力量

解放战争时期,红海湾党组织不断巩固壮大,领导着广大人民群众经过艰苦卓绝的斗争,消灭国民党反动派,夺取政权,红海湾人民终于与全中国人民一起站了起来!

1947年5月以前,红海湾境域属海丰县第四区。1947年5月以后隶属海南区,直至全境解放。

1946年6月,东江纵队北辙,中共海丰县委根据广东区党委决定,改为特派员制,红海湾党的活动采取单线联系方法。

1947年1月,海陆丰人民自卫队成立,红海湾沿海片由县委派员进驻东涌建茶村,领导附近党小组和党员恢复活动、健全发展党组织。

田墘、遮浪地下党小组

1947年5月,恢复中共海陆丰县委后,汕尾沿海片称海南区,由县委派组织员领导活动,驻东涌建茶村,联系汕尾市区、田墘、东涌、捷胜、红草、遮浪等地下党组织,恢复活动,发展党组织。

海鹰队党支部

1948年1月,县委派黄平到汕尾等沿海地区开展活动,成立武装队伍海鹰队,同时建立海鹰队党支部。

1948年7月，海南区党总支部成立。统一领导海南区和军队的党组织，建立地下交通站、情报站，配合人民解放战争。

1948年12月，在海丰县委的领导下，海南区党组织领导海鹰队、青龙队、天雷队武装打击敌人。先后解放了东涌、流口、田墘等乡村。

海丰县委驻第四、第五区组织员

1947年5月—1948年11月，海丰县委驻第四、第五区组织员：

林　德（1947年5月—1948年1月）

王　健（1948年2月—1948年11月）

余　叶（1948年8月—1948年11月）

第四、第五区下辖党组织

1948年春至1949年10月，第四、第五区下辖党组织。

这一时期，第四、第五区下辖党组织（红海湾地下党）的活动处于秘密状态，实行单线联系，统一受县委驻海南区组织员领导，统称为"××地下党组织"。组织及负责人名单如下：

田墘圩地下党组织　　　负责人　曾善（仙）乐

田墘北山地下党组织　　负责人　李　火　罗　韩

田墘内湖党组织　　　　负责人　姚义任

遮浪、遮湖、狐狸崆也建立了党组织，具体情况待查。

海南区地下党的情报站

田墘情报站　　　　站长　曾善（仙）乐　交通员　罗　静

遮浪情报站　　　　站长　陈世珍　交通员　陈　元

海南区所属行政组织

1. 田捷遮流工作委员会

1949年4月，中国人民解放军跨过长江，8月解放江西全境，直指南粤，红海湾区境解放指日可待。中共海丰县委为了加强对沿海地区的领导，决定成立田（墩）捷（胜）遮（浪）流（安）工作委员会，行使政府职能。

主　任　曾达明

副主任　梁　峰　吴丰正

2. 遮东乡工作委员会

主　任　刘　兵

副主任　黄楚忠

海南区民运队

海南区成立了民运队。海南区人民自卫委员会成立后，由林昭存负责民运建政工作，发动建立政权。随着武装斗争的开展，民运工作逐渐向全区发展，有的民运队员还担任区、乡的领导职务。已知的民运队及领导人名单如下：

田捷遮流民运队　　　　队长　曾宝枢

田墩民运组　　　　　　组长　曾善乐　黄　粤

湖内民运组　　　　　　组长　姚义任

遮浪民运组　　　　　　组长　黄楚忠

东洲民运组　　　　　　组长　朱作光　王泾刚

狐狸崆民运组　　　　　组长　安家育

第四、第五区武工队（1945 年 9 月—1945 年 12 月）

队　长　卢　胜

指导员　郑　立

第四大队（1948 年 10 月联防队起义改编）

大队长　王　钊

副大队长　陈继明

指导员　余　会

油车工会

1948 年夏，海丰县一些小圩镇和沿海地区开始组织盐业、油车工会。红海湾区时属海丰四区，区内的田墘石牌村是油车工会的策源地。是年夏天，海丰四区、五区和七区在此地召开有 23 间油车工人参加的代表大会，成立工会组织，会员有罗章放、褚娘遮等 138 人，会长罗垂（又名罗随）。石牌油车工会有较全的组织机构。工会成立后，多次组织三大区尤其是田墘的石牌，东涌的建茶、宝楼等乡村的油车工友开展了抵抗商业地主的压迫、争取工人权益等多次工人运动，为红海湾境域海丰县的解放作出了积极的贡献。

二、浴血奋战迎接胜利

1949 年元旦，粤赣湘边纵队（简称"边纵"）成立，江南支队改编为粤赣湘边纵队东江第一支队，所属各团亦归属之。是年春，中共中央香港分局改称华南分局，中共海丰县委、陆丰县委归华南分局江南地委（后改东江地委）领导。

1949 年初，全国革命形势的迅猛发展，使国民党在华南的统治陷入极度动荡之中。为挽救其败局，国民党派薛岳取代宋子文任广东省主席，仍部署对全省解放区、游击区的全面进攻。红海湾因是游击区，遭受较大的破坏。

7 月 11 日，边纵主力在攻占公平、梅陇两镇之后围攻海丰县城。国民党县长戴可雄（雁宾）在兵临城下的情势下，接受边纵司令部所派劝降人员戴国杰的劝说，以其军政警全部 1200 余人，带迫击炮 1 门，轻重机枪 20 多挺，步枪 800 余支，弹药物资、机关档案等，向边纵投诚。

7 月 21 日，边纵主力在东江第一支队第五团配合下围攻汕尾镇。

10 月 10 日，海丰县人民政府机关遂随第五团于 11 日进驻县城，海丰宣告解放。

　　驻汕尾的海陆丰盐场公署场长侯绍颜等，在当时南下解放大军所向披靡的形势下，受中共地下组织的策动准备起义，委托进步人士程树勋、彭蔚之，代表盐场公署与中共海丰县委负责人蓝训材、庄歧洲、刘夏帆联系，于 10 月 17 日率所属盐警大队和游缉大队宣布起义。19 日，庄歧洲带领短枪队进入汕尾，当即成立以庄歧洲为主任的汕尾军事管制委员会，接管了起义官兵、员工及其武器装备，汕尾和平解放。

　　汕尾和平解放后，11 月中旬，红海湾人民武装力量在东江第一支队司令员蓝造的指挥下，配合东江军分区独立营会同东江第一支队第六团，及刚起义的游缉大队，向仍盘踞在田墘、捷胜、遮浪及龟龄岛上的海匪进剿，终于一举肃清全部残敌。至此，海丰全境遂告解放。

重大事件与历史功绩

一、重大事件

（一）王钊率联防队起义

1948 年 10 月 22 日，原隶属海丰县民主政府的田墘联防队宣布起义。队长王钊、副队长陈继明联合发表《起义告敌官兵书》《告海陆同胞书》，率部到大安峒接受中共整编，受到热烈欢迎。起义后队伍整编为江南独立第四大队，大队长王钊，副大队长陈继明，副官林德。

（二）红海湾人民配合解放军围攻龟龄岛，消灭残军海匪，终使海丰县全境获得解放

1949 年 10 月中旬，海丰县城、汕尾相继解放，但海匪仍盘踞在龟龄岛、捷胜、田墘、遮浪等地，继续残害群众。11 月中旬，东江军分区派一独立营抵达海丰，会同边纵东一支五团第二营和起义的游缉大队一道，对盘踞在海陆丰沿海及岛屿之敌作战，先全歼盘踞在捷胜、田墘、遮浪三个地方的敌人，剩余的海匪最后龟缩在龟龄岛上。

12 月，东一支五团第二营和起义的游缉大队在东一支五团团长黄友的指挥下，在一个傍晚围攻龟龄岛，全歼岛上敌人，匪首吴奇（又叫吴蜞）等 100 余人当了俘虏，还缴获了枪支弹药和军用物资一大批。至此，海陆丰全境解放。

在这两场重要的战斗中，红海湾人民武装及人民都踊跃参与，或上前线，或当后勤，为战斗的胜利，为海陆丰的全境解放作出了贡献。

二、历史功绩

海丰全境的解放和人民政权的诞生，标志着中国共产党领导的新民主主义革命在东江地区的胜利，标志着灾难深重的红海湾境域人民被压迫被剥削的历史宣告结束。从此，红海湾境域人民同全国各族人民一样成为新中国的主人，满怀着对社会主义社会的憧憬和希望，迈进一个和平、民主、平等、自由、幸福的新时代。

田墘圩是反动民团力量较强的地方。在复杂的环境中，红海湾人民在共产党的领导下，敢于斗争，善于斗争，夺取一个又一个的胜利。

（一）"两纵"功绩，青史长留。

红海湾区在抗日战争和解放战争时期，有两支队伍功不可没，那就是东江纵队和粤赣湘边纵队（简称"两纵"）。

东江纵队，全称"广东人民抗日游击队东江纵队"。东江纵队，是抗日战争时期中国共产党在广东省东江地区创建和领导的一支人民抗日军队，是开辟华南敌后战场，坚持华南抗战的主力部队之一。东江纵队是在曾生、林平、王作尧、杨康华等主要领导带领下，从无到有，从小到大发展起来的抗日武装力量，其开辟的华南敌后战场成为"敌后三大战场"之一。1945年，朱德在七大军事报告《论解放区战场》中将东江纵队与琼崖纵队和八路军、新四军并称为"中国抗战的中流砥柱"。

粤赣湘边纵队，全称"中国人民解放军粤赣湘边纵队"。粤赣湘边纵队，是在东江纵队主力北撤后留下的武装小分队及复员人员的基础上发展起来的革命武装。在中国共产党领导下，在解放战争中粉碎了国民党顽固派军队在粤赣湘地区的重重"围剿"，建立了拥有 400 多万人口的根据地。粤赣湘边纵队在惠东县的安墩镇成立后，与中国人民解放军闽粤赣边纵队一起，解放了闽西南和粤东广大地区，建立了纵横千里的解放区，完成了建立解放广东战略基地的任务。接着，配合南下的野战军，追歼残敌，解放广东全境，为新中国的诞生建立了不朽的功勋。

据不完全统计，从 1947 年 1 月至 1949 年 9 月，中国人民解放军粤赣湘边纵队所属各部队进行较大的战斗 848 次，歼敌 2.5 万多人，缴获各种武器 2.5 万件，部队发展到 3.8 万多人，在东江等地区建立革命根据地 800 多处。粤赣湘边纵队在我国革命战争史上演绎了一段革命传奇，为中国的解放作出了重要贡献。1949 年 10 月，粤赣湘边纵队配合中国人民解放军第四兵团、第十五兵团和两广纵队，解放了粤赣湘边区全境，1950 年 2 月，粤赣湘边纵队整编为广东军区第二、第四、第六、第七分区和广东省公安总队。

时红海湾人民主动参加"两纵"，与敌人周旋斗争，其中有名可查的近 50 人，资料遗失或不全的 15 人，捐躯沙场的不计其数。他们是中华民族的好儿女！

到目前为止，经多方全力寻找和收集到的红海湾籍"两纵"战士名单如下（排名不分先后）：

红海湾籍"两纵"战士名单（已知）

序　号	姓　名	性　别	住　址
1	陈　强	男	田墘粮所宿舍
2	陈德很	男	遮浪街道红坎村

（续表）

序　号	姓　名	性　别	住　址
3	林娟	男	东洲街道东二村
4	张生	男	东洲街道东二村
5	陈华仁	男	田墘食品站宿舍
6	曾学喜	男	田墘五村林谭坑片
7	曾旗	男	遮浪街道合港村
8	陈德尊	男	田墘内湖村委池刀村
9	江深	男	田墘街道五村
10	黄文	女	田墘街道七村
11	罗木瑶	男	田墘街道北山村
12	罗辉	男	田墘街道北山村
13	林双	男	田墘街道红湖村
14	林才	男	田墘街道红湖村
15	郑业	男	田墘街道红湖村
16	刘协	男	东洲街道湖东村
17	刘表	男	东洲街道湖东村
18	刘梗	男	东洲街道湖东村
19	陈孝	男	遮浪街道湖尾村
20	吴汉道	男	田墘街道一村居委
21	郑文通	男	田墘街道二村居委
22	许火光	男	遮浪街道东尾西岭村
23	黄楚忠	男	汕尾盐町头公路西一巷 41 号

（续表）

序　号	姓　名	性　别	住　址
24	陈义群	女	海城南门湖新村一巷 273 号
25	郑可君	女	红海湾白沙中学宿舍 4 栋 304
26	郑信注	男	红海湾白沙中学宿舍 4 栋 301
27	刘盛芝	男	海城农林北路一巷 6 号
28	吴志文	男	汕尾城区城内路西七巷 3 号
29	魏　就	男	遮浪街道湖连村
30	尧汉标	男	遮浪街道水龟寮
31	谢筭	男	遮浪街道湖尾村
32	林妈西	男	遮浪街道长沟村
33	陈　辉	男	遮浪街道湖尾村
34	庄朝圆	男	遮浪街道东尾西岭村
35	罗妈科（章崇）	男	遮浪街道东尾村
36	陈木扶	男	遮浪街道东尾村
37	石妈井	男	遮浪街道东尾西岭村
38	陈守日	男	遮浪街道东尾村
39	林　明	男	田墘街道
40	刘　平	男	田墘街道
41	罗　静	男	田墘街道
42	陈　信	男	田墘街道
43	杨　财	男	田墘街道南联村委南町村
44	曾善乐	男	田墘街道田三村委

（续表）

序　号	姓　名	性　别	住　　址
45	马爱华	女	东洲街道东三村委
46	陈道汉	男	田墘街道六村
47	吴丰正	男	田墘街道石岗寮
48	王　钊	男	田墘街道二村
49	彭文笔	男	田墘街道六村

（二）坚持以中国共产党为核心，普遍成立其他革命组织，开展革命斗争，树立了中国共产党的领导地位和权威。

（三）这一时期，红海湾以共产党领导的革命组织要应对反动民团、海匪和部分顽固地主三股势力，红海湾的革命组织坚持海陆丰革命一盘棋的观念，顾全大局、服务大局，服从上级指挥，要兵派兵，要粮给粮。有力地支持了海陆丰的解放事业。

（四）给后人留下宝贵遗产。解放战争时期，红海湾人民在共产党的领导下，发扬革命传统，不屈不挠，艰辛奋战，为红海湾、海陆丰县的解放事业作出了重大的贡献，不少革命志士还付出了宝贵的生命。这种信仰坚定、胸怀大局、前赴后继、勇于献身的革命精神是留给后人的无价之宝。此外，不少革命老区村留下了许多历史文献、战斗武器等，是进行红色教育的直观教材。

（五）革命老区村遍布全区，是红海湾区境光荣的写照。根据广东省核定，红海湾区有革命老区村73个，占全区77个村庄的90%以上，在海陆丰革命老区中的比例是最高的。

2001年，汕尾市区东江纵队、粤赣湘边纵队老战士第十三次联谊会全体会员留影（曾昭平、曾小梅供图）

1949 年 10 月 17 日，汕尾和平解放，翌日，红海湾境域民众与汕尾各界群众到奎山乡前海汕公路迎接人民解放军进驻汕尾（图片来源：汕尾善为网）

为解放战争英勇奋战的"两纵"老战士会员证（陈锤供图）

第五章

攻坚克难　起步发展（1949—1978 年）

新中国的成立，开创了中国历史的新纪元，标志着中国新民主主义革命的基本胜利。这一时期是红海湾革命老区经济社会发展的第一个三十年。在"一穷二白"的基础上进行社会主义建设，虽有曲折，也有教训，但各方面发展还是取得重要成就。人民当家做主人，国民经济总量大幅度增长，工业生产快速增长，农业生产成绩巨大，社会各项事业起步发展。

第一节 向社会主义过渡的实现

海丰全境解放后，红海湾人民在中国共产党的领导下，面对新中国成立初期极其复杂的形势和重重困难，建立和巩固了基层新生人民政权，稳定了社会秩序，促进了国民经济的迅速恢复和发展，胜利实现了从新民主主义向社会主义的过渡，全面进行社会主义建设的十年探索，"文化大革命"结束后，开展了拨乱反正。红海湾革命老区经济社会发展在曲折的道路上不断取得进步。

一、巩固政权恢复经济

（一）实现全境解放

1949年10月中旬，海丰县城、汕尾相继解放，但海匪仍盘踞在龟龄岛、捷胜、田墘、遮浪一带继续残害群众。

11月中旬，东江军分区派一独立营抵达海丰，会同边纵东一支五团第二营和起义的游缉大队一道，对盘踞在海陆丰沿海及岛屿之敌作战。作战由东一支司令员蓝造指挥，第五团配合。先围剿盘踞在捷胜、田墘、遮浪三个地方的敌人。全歼后，剩余的海匪最后龟缩在龟龄岛上。

12月，东一支五团第二营和起义的游缉大队在东一支五团团长黄友的指挥下，在一个傍晚登船向龟龄岛进发。起义的游缉大队担负主攻，由捷胜渡海，正面向龟龄岛进攻；另一路由汕尾港乘三艘机船，抄袭龟龄岛背后。渡海部队选择滩头登陆。海匪自以为海岛地势好，易守难攻，作负隅顽抗。我军用炮火轰击其滩头和岛上阵地。我军登上龟龄岛后，迅速向敌人发起猛烈冲锋，其余的部队陆续登上龟龄岛。在强大的军事打击下，海匪最后一个据点妈祖宫被我军攻下，岛上敌人被全部歼灭。是役，俘海匪吴奇（蜞）等 100 多名，缴获重机枪 1 挺，轻机枪 2 挺，长枪 60 多支，短枪 20 多支，黄金 21 市斤，棉纱、煤油、香烟及其他军用物资一批。至此，海丰县全境解放。

（二）巩固人民民主政权

面对新中国成立初期的严峻形势，红海湾区所属在海丰县委、县政府领导下，深入开展清匪反霸和镇压反革命运动，领导群众开展生产救灾，为国民经济的恢复做了大量卓有成效的工作，较好地稳定了当时的社会秩序，建立和巩固了新生的人民政权，为开展新民主主义改革和全面建设奠定了良好的基础。

1. 清匪反霸和镇压反革命运动

镇压反革命（简称"镇反"）运动是 20 世纪 50 年代新中国成立初期同抗美援朝、土地改革并称的"三大运动"之一，重点打击国民党败退台湾后有计划地潜伏和残留在大陆上的土匪、恶霸、特务、反动党团骨干和反动会道门头子五方面的反革命分子。

红海湾解放后，国民党败逃时留下了一小撮特务、反革命分子和土匪，他们勾结地主恶霸，肆意放火、投毒，烧毁民房、粮食，残害百姓。在剿匪运动中，经大规模军事清剿和政治瓦解后，有组织的大股土匪基本消灭，但仍有残余匪首与一部分乡土匪以及少数怙恶不悛的反革命分子化整为零，转移隐藏于深山老林、偏僻农村，潜伏下来继续为非作歹，不断从事破坏活动，企图动摇、颠覆新生的革命政权。

为了彻底消除残存的土匪特务，1950 年初，根据党中央的统一部署，开展了以"清匪反霸"和"退租退押"为中心的"八字运动"。在清匪斗争中，民兵配合剿匪武装工作队，采取发动群众清查、政治瓦解和军事进攻相结合等办法，反复清查残余土匪，捕捉漏网匪首，全面开展清查匪特活动，剩下零散潜藏于乡村的土匪，也陆续被揭发和处置。

在清匪斗争的同时，红海湾区人民展开了对地主恶霸的斗争，发动群众检举揭发地主恶霸的罪恶行径，开展"减租、减息和退押"工作，减少农民交给地主的一部分地租额，减交农民向地主借贷的一部分高额息，退还农民向地主租佃土地的押金。通过"八字运动"，结束了匪患久远、为害甚烈的历史，减轻了农民所受的经济剥削，提高了农民生产积极性，促进了农业生产较快恢复和发展。

镇压反革命运动是一场大规模的、急风暴雨式的群众运动。为了巩固新成立的人民政权，保证土地改革和经济恢复工作的顺利进行，1950 年 10 月，根据中共中央《关于镇压反革命活动的指示》，大规模地开展清匪反霸和镇压反革命运动，集中打击特务、土匪、恶霸、反动党团骨干及反动会道门头子等五类敌人，坚决捕尽匪首，收尽匪枪，清除匪患。1951 年 2 月，又根据中共中央颁布的《中华人民共和国惩治反革命条例》，进一步在全区开展了大规模的镇压反革命运动，责令所有国民党军、政、警、宪及党、团骨干到所在区乡政权进行登记。在镇反期间，始终执行"镇压与宽大处理相结合""首恶者必办、胁从者不问、立功者受奖"的基本政策，瓦解一批，判决一批。至 1953 年底，镇反运动基本结束，对各类反革命分子分别作了不同的刑事判决，除小部分处以死刑或死缓外，多数判有期徒刑和管制。

镇压反革命运动的胜利，基本上扫除了国民党反动派遗留在境内的反革命残余势力。曾经在新中国成立初期猖獗一时的匪祸和反革命势力基本肃清，有力地支持、配合了土地改革运动，对稳定社会秩序、巩固新生的人民政权、恢复农业生产都起到有力的促进作用。

2. 取缔反动会道门

红海湾内，有少数群众参加反动会道门组织长发党（大圣教）、吕祖师会、归根道、同善社、先天道。长发党一贯反对人民革命运动，其活动受国民党特务组织操纵，用封建迷信邪说愚惑群众；吕祖师会在新中国成立前，以汕尾国民党区党部周雪楼为首，组织董事会，设迪化图坛，散布反动谣言并公开捐款办邪教，骗取群众钱财；归根道道首林诚度、陈薛礼，该组织分布在海丰一、三、九、十区，成员有天恩、证恩、准恩及道众等 40人，同样用封建迷信邪说愚弄百姓。这些会道门组织蓄意破坏革命，或受国外反动势力利用，专门与共产党作对。

1953 年 6 月，红海湾区所属坚决贯彻海丰县人民政府发出的"关于取缔反动会道门"的布告，积极配合以公安局为主的取缔反动会道门专门队伍，广泛开展宣传教育，打击其活动，组织了"取缔反动会道门"的巡回展览会，深入圩镇展出，发动受害人控诉揭露会道门头子的罪行和违法行为，召开中小会道门头子座谈会，经过宣传教育，道众主动到人民政府登记、声明退道。部分道堂，缴获印章、证章、经册。恶迹昭著的道门头子或判有期徒刑，或判以极刑，从而禁止了反动会道门活动。

3. 抗美援朝

1950 年 6 月 25 日，朝鲜内战爆发。美国打着联合国军队旗号侵略朝鲜，并将战火燃烧至中国东北边境，严重威胁中国安全。10 月 19 日，中国人民志愿军入朝作战，开始了历时近 3 年的抗美援朝战争。

抗美援朝运动主要围绕四个方面开展工作。第一是进行宣传控诉，游行示威，树立群众对美帝国主义的仇视、鄙视、蔑视观

念，培养爱国主义思想。第二是动员青年参军奔赴战场。第三是
举行和平签名运动。历时4个月的和平签名运动，是一次对广大
人民群众进行反对美帝国主义者侵略的宣传教育运动。通过这一
运动，用实际行动坚决为粉碎美帝国主义者狂妄的侵略阴谋而斗
争，支持了此后抗美援朝保家卫国运动的开展。第四是开展制订
爱国公约和捐献运动。红海湾区境人民积极响应各级党组织号召，
踊跃捐献，以实际行动支援中国人民志愿军。

红海湾区境人民在踊跃捐献物资的同时，更积极地投入生产
和工作，并开展增产节约及爱国生产运动，以实际行动来参与抗
美援朝运动。

抗美援朝、保家卫国运动，是一场深刻的爱国主义和国际主
义教育运动。抗美援朝运动的伟大胜利，粉碎了美帝国主义企图
侵占朝鲜并进而侵略中国的狂妄野心，捍卫了世界和平，振奋了
民族精神。红海湾区境人民在抗美援朝运动中作出了自己应有的

举行抗美援朝，保家卫国游行（陈锤供图）

贡献，也受到了一次深刻的爱国
主义和国际主义教育，广大人民
群众民族自尊心和自信心大为增
强，同时，有力推动了减租减
息、镇压反革命、土地改革等中
心工作，对进一步加强地方建
设、巩固祖国边防、稳定边疆，
起到了极大的作用。

志愿军战士保留下来的口壶（陈锤供图）

4. 开展土地改革运动

土地改革是新民主主义三大经济纲领之一，旨在废除封建半
封建的土地所有制，实行农民土地所有制，解放农村生产力。土
地改革前，农村各阶级占有耕地的情况极不合理，占农村人口不
到 10% 的地主、富农，占有 70% 至 80% 的土地，他们借此残酷地
剥削农民。而占据农村人口 90% 的贫农、雇农和中农，却只占有
20% 至 30% 的土地。这种落后的土地制度，使得当时的中国极为
贫穷落后。农业生产水平滞后、农作物产量低下，经常闹粮荒，
农民终年辛苦劳动，还是不得温饱。

为了打破这种落后的土地制度，满足广大农民对土地的要求，
让农民有地种、有饭吃，党和人民政府领导和组织农民进行了土
地改革运动。

土地改革主要从三方面做好准备工作：一是成立了各级土改
工作机构；二是建立健全各地党组织、政权组织和群众组织；三
是开展多种形式的宣传发动工作，为土改作舆论准备。

土地改革的过程一般都经过"清匪反霸、退租退押"（简称
"八字运动"）、"土改分田"和"土改复查"三个阶段。其基本
方法是：培训干部队伍，由点到面逐步铺开，扎根串连放手发动
贫雇农，依靠贫雇农，团结中农，孤立富农，打击地主。

第一阶段主要是教育和发动群众，开展"八字运动"，目的是从政治上先行打击阶级敌人的威风，从经济上初步满足雇农的生活、生产要求，同时教育和提高农民的阶级觉悟，培养农民当家做主的意识。

第二阶段主要划分阶级和进行土地分配。

第三阶段主要是复查总结阶段。

1950年至1953年期间进行的土地改革运动，是一场深刻的伟大的社会变革。它取缔了几千年来的封建土地所有制度，变成了劳动人民占有土地的制度，实现了"耕者有其田"：使广大农民成为土地的主人，在政治上、经济上翻了身。农民有了土地，生产积极性大大提高，大家努力生产劳动，农业生产得以迅速恢复与发展。

这场以彻底废除地主阶级封建剥削的土地所有制、实行农民土地所有制的改革运动，解放了农村生产力，发展了农业生产，农民翻身做了主人，对国家的感情大大加深，积极为国家的经济建设贡献力量。土地改革运动无论在政治、经济、思想、组织等方面，都是一场深刻的、伟大的革命运动。它对于巩固新生的人民政权、安定民心、探索新民主主义革命和社会主义建设新路子，具有伟大的现实意义和深远的历史意义。

封建土地所有制是地主阶级以土地剥削为主要形式，同时兼有田赋税捐、高利贷、无偿劳役等多种形式的剥削制度。

土地改革要把地主阶级占有的土地和财产夺回到农民手中来，这是一场激烈的阶级斗争。在土地改革前夕，红海湾区域开展了土地减租减息运动，初步改善农民的生活，提高农民的阶级觉悟，为土地改革作好准备。

1951年5月开始，贯彻《中华人民共和国土地改革法》和中共中央华南分局的指示，成立土地改革领导机构，投入到土地改革运动中。领导土地改革的过程中，按照上级的指示精神，始终坚持贯彻"放手发动群众，启发农民特别是贫雇农的阶级觉悟，通过农民自己的斗争以打倒地主阶级取得土地"的方针，分期分批地开展土地改革运动。第一阶段是发动群众，宣传贯彻党和政府土改的总路线和总政策；第二阶段是划分阶级成分，打击恶霸地主，没收封建土地财产；第三阶段是分配土地及主要生产资料，实现耕者有其田；最后是进行查田定产，发放土地证，部署开展大生产运动。1952 年底，完成土地改革，彻底推翻了封建土地所有制，解放了生产力。1953 年进行查田定产，发放土地证，变为农民土地所有制。

土改运动是新中国成立后农村一次彻底的民主革命运动，废除了封建土地所有制，农民不但在经济上获得翻身，更重要的是在政治上改变了被压迫被剥削的地位。

土地改革胜利完成以后，农村生产力虽然从封建剥削制度的束缚下解放出来，农民的生产积极性开始得到了较大的发挥，但农业仍然是建立在劳动农民的生产资料私有制基础上的小农经济。这种分散落后的小农经济，难以满足城市和工业对粮食等农产品原料不断增长的需要。农村互助合作正是在这种历史情况下，由农民探索出从组织代耕队开始，到简单的生产劳动互助，再逐步发展为临时互助组等具有社会主义萌芽性质的初步互助合作形式。

按照《关于农业合作化问题的决议》要求，进行农业的社会主义改造。主要经历了三个阶段的变革。第一个阶段是建立以农民自愿为原则的互助合作组，1953 年冬，红海湾区境建立了多个农业互助组，克服了个体分散经营过程中出现的生产资料不足、劳动力缺乏、抗御自然灾害能力薄弱的困难和矛盾，促进了农业生产的恢复和发展。第二个阶段是在农业互助合作组基础上，各地掀起建社、扩社高潮，由初级农业合作社转并为高级农业合作社，入户社员占农村总户数的 95% 以上，发挥人多力量大的优势，推动农业生产的发展。第三个阶段是冲破村界社界，取消乡、村建制，建立人民公社。1958 年秋，建立了田墘人民公社，1959 年从田墘人民公社析建遮浪人民公社。1962 年改为以生产队为基本核算单位的三级所有体制，这种体制延至 1978 年。

在进行农业社会主义改造的同时，手工业的社会主义改造和资本主义工商业的社会主义改造同时进行（称"三大改造"）。在对手工业的社会主义改造中，根据社会需求及产销情况，对私营工业进行公私合营，各行各业的手工业者纷纷投入改造行列。在对资本主义工商业的社会主义改造中，贯彻"团结、教育、改造"的方针，以行业为基础，1958 年底，合营企业全部并入国营。

5. 开展渔业民主改革

在开展土地改革的同时，根据中共中央"依靠雇工及贫苦独立劳动者，团结渔民（包括渔业资本家在内），消灭封建鱼行把持制度和反革命分子"的指示，从 1952 年开始，红海湾境域还进行了渔区的渔业民主改革（简称"渔改"）。

渔业民主改革分为三个阶段：第一阶段，从生产入手，根据渔民的切身利益和要求，重点解决渔民生活生产上的困难，充分发动群众。第二阶段，根据实际情况，展开斗争，打击邪气，整顿队伍，安定社会生产秩序。第三阶段，解决遗留问题，整顿生产组织转入组织建设。

在渔改的第一阶段，主要是通过召开各种会议，先是党团、骨干分子会议，后是渔工、群众、资本家及各阶层代表会议等，层层宣传、发动群众，使广大群众明确渔业民主改革的目的、意义，提高渔民的阶级觉悟，主动配合政府工作。

在渔改的第二阶段，划分了阶级成分。对自己没有生产工具、完全或主要依靠出卖劳动力为生的划为渔工；对只占有少量和不完全的生产工具（一般是渔网或小型渔船），需租进一部分工具才能进行生产，自己参加劳动，有时还需出卖部分劳力者划为贫苦渔民；对占有较多的生产工具，掌握主要生产技术，自己参加主要劳动者划为一般渔民（其中有的是小型生产的独立劳动者，也有雇工较多的劳动渔民）；对占有大量的渔具和资金，自己不参加主要劳动或只参加轻微劳动，长期依靠雇用工人或出租渔具收入为主要生活来源者划为渔业资本家；对在经济上垄断把持、残酷剥削渔民的渔行老板的划为渔行主，其中在政治上具霸占方者划为渔霸。

在渔改的第三阶段，主要是根据照顾渔民的生活习惯和有利于生产、有利于管理的原则，划分去向，建立政权。

渔业的民主改革运动，彻底废除了封建剥削，发放渔贷和救济款，组织渔业合作社，提高了渔民的正常觉悟和生产积极性，渔区的生产得到了进一步的恢复发展，社会面貌大为改观。

6. 整风整党及"三反""五反"运动

（1）整风整党

1950 年 5 月 1 日，中共中央发出《关于整党整干工作的指示》《关于在全党全军开展整风运动的指示》。红海湾境域的田墘和遮浪两镇与海丰县各地一起，从 1950 年下半年起，开展了整风运动。运动主要是党组织总结工作，开展批评和自我批评，克服党内领导干部居功自傲、脱离群众、命令主义等不良作风以及少数党员贪污腐化行为。运动在年底基本结束。

1951 年 2 月 18 日，中共中央政治局扩大会议决定用三年时间进行整党。同年 3 月 28 日至 4 月 9 日，中共中央召开第一次全国组织工作会议，通过了《关于整顿党的基层组织的决议》和《关于发展新党员的决定》，制定了党员标准的八项条件。红海湾境域的田墘和遮浪两镇跟海丰县各地一样，按照海丰县委的部署，开展了整顿党的基层组织和发展新党员的工作。工作于1954年春基本结束。

（2）"三反"运动

"三反"运动是指新中国成立初期在中国共产党和国家机关内部开展的反对贪污、反对浪费和反对官僚主义的运动。1951年12月1日，中共中央根据同年秋季全国工农业战线开展的爱国增产运动中揭发出来的大量贪污、浪费现象和官僚主义的问题，作出了《关于实行精兵简政、增产节约、反对贪污、反对浪费和反对官僚主义的决定》，12月8日，中共中央又作出了《关于反贪污斗争必须大张旗鼓地去进行的指示》。1952年1月4日，中共中央又作出了《关于立即限期发动群众开展"三反"斗争的指示》。按照海丰县委的部署，红海湾境域的田墘和遮浪两镇跟海丰县各地一样，开展了"三反"运动。1952年10月25日，中共中央批准了关于结束"三反"运动的报告，"三反"运动宣告结束。

（3）"五反"运动

随着"三反"运动的深入，揭发出的贪污分子的违法行为，大多数是和社会上资产阶级不法分子勾结进行的。为了击退资产阶级的猖狂进攻，1952年1月26日，毛泽东为中共中央起草了《关于在城市中限期展开大规模的坚决彻底的"五反"斗争的指示》，要求在全国一切城市，首先在大城市和中等城市中，依靠工人阶级，团结守法的资产阶级及其他市民，向着违法的资产阶级开展一个大规模的坚决彻底的"五反"斗争，以配合党政军民内部的"三反"斗争。

"五反"运动即反行贿、反偷税漏税反盗骗国家财产、反偷工减料和反盗窃国家经济情报的斗争。按照中共中央的指示和华

南分局的决定，红海湾境域的田墘和遮浪两镇跟海丰县各地一样，
开展了"五反"运动。

新中国成立初期，人民致力于恢复工农业生产及各项事业的
建设，从 1949 年 10 月到 1952 年底，经过 3 年多的努力奋斗，国
民经济获得全面的恢复并取得一定成就。

农业经济取得迅速发展；工业生产稳步发展；商业经济有较
快发展；交通运输全面恢复；文教事业蒸蒸日上；社会经济取得
一定成绩。

三年国民经济恢复任务的顺利完成，加上民主改革的进行，
促进了新的经济秩序的建立，为有计划地进行社会主义经济建设
创造了条件。

二、实行社会主义改造

1953 年提出了党在过渡时期的总路线，并将完整表述最后确
定下来："从中华人民共和国成立，到社会主义改造基本完成，
这是一个过渡时期。党在这个过渡时期的总路线和总任务，是要
在一个相当长的时期内，逐步实现国家的社会主义工业化，并逐
步实现国家对农业、手工业和资本主义工商业的社会主义改造。"

（一）对农业的社会主义改造

对农业的社会主义改造是通过农业合作化运动，依次经过互
助组、初级农业生产合作社、高级农业生产合作社，实现农民土
地个体私有制到农民土地集体所有制的转变。农业合作化运动，
大体经历了互助组、初级社、高级社三个阶段。

第一阶段从潮汕地区土改结束到 1953 年底，是合作化运动的
初始阶段，主要是建立互助组。

第二阶段从 1953 年底到 1955 年，是大力发展初级农业生产
合作社阶段。

第三阶段从 1955 年底到 1956 年春，是大办高级农业生产合作社的阶段。

农业合作化运动把个体农民引导到了社会主义道路，把农民的个体经济改造为集体经济。新建立起来的生产关系促进了生产力的发展，支援了当地工业化的建设。但由于指导思想的片面性和农村合作经济组织在模式上、体制上、运行机制上不符合中国的国情，造成了农业长期生产力落后，生产社会化程度低，商品经济和国内市场不发达。

（二）对手工业的社会主义改造

对手工业的社会主义改造，是党在过渡时期总路线提出的三大改造任务之一。

1953 年 10 月，对手工业社会主义改造正式铺开，并按照自愿互利原则，有步骤、有计划引导全区手工业者走合作化道路。

由于手工业合作化运动来势迅猛，手工业的社会主义改造存在着"要求过急，工作过粗，改变过快，形式过于简单化"的问题，但成绩还是显著的。通过对手工业实行社会主义改造，有效地解放了生产力，使手工业生产得到较大的发展。同时，有效地支援和配合了工业化建设，方便了人民群众的生产和生活，为发展壮大潮汕地方经济打下了坚实的基础。

（三）对资本主义工商业的社会主义改造

对资本主义工商业的社会主义改造，是党在过渡时期总路线的重要组成部分。

在对资本主义工商业实行"利用、限制、改造"的政策后，开始对资本主义工商业的社会主义改造，整个工作分为两个阶段进行。

第一阶段：从 1954 年春到 1955 年底，有计划地扩展公私合营工业；对私营进出口经营商实行按行业归口并由国营外贸公司管理；组织专业小组，为国营代购代销；对私营进出口商实行公私合营。

第二阶段：从 1955 年底到 1956 年春，掀起对资本主义工商业的社会主义改造高潮。

对资本主义工商业的社会主义改造，用国家资本主义和平赎买的政策，逐步把资本主义所有制转变为社会主义所有制，繁荣了市场，增加了积累，为改善人民生活作出了贡献，为潮汕地区的社会主义建设奠定了坚实的物质基础。

1952 年底，根据中共中央过渡时期的总路线，开始逐步实施对私营工商业的社会主义改造。次年，全面开展加强纳税和肃清偷税、漏税的查税补税工作。1955 年下半年，在农业合作化高潮的推动下，按照"团结、教育、改造"的方针，统筹兼顾、全面安排、积极改造的原则，使私营改造工作走向行业公私合营高潮，其具体做法：

（1）对占有较大量的流动资金和固定资金，并雇有店员的资本主义企业采取公私合营。

（2）对一般贩卖烟酒、水果、小百货和经营饮食服务等小业主，采取组织合作商店、合作小组的形式。

（3）对小商贩中资金少、家庭人口多、经济负担重的给予自由经营，通过代销、经销，使之遵守国家法令。

1958 年底，合营企业全部并入国营。1962 年 8 月把合营从国营分出，实行独立核算，国营专业公司派出经理加强领导。1965 年底，合营企业再度归口并入国营商业，资金股息同时停止。

1953 年，中共中央提出奔向社会主义的过渡时期总路线，部署了社会主义工业化和社会主义改造两方面任务。到 1956 年，"三大改造"基本完成。在红海湾区域，农业的社会主义改造、手工业的社会主义改造和资本主义工商业的社会主义改造也跟全国各地一样，在此期间胜利完成，实现了向社会主义的过渡。

交公粮（陈锦怀供图）

出海（陈锦怀供图）

1957 年，田墘湖东水库、内湖（池仔尾）水库、内湖（山寮仔）水库和遮浪湖尾水库等 4 个水库相继兴建，有效地提高了防灾抗灾和发展农业的能力，解决了当地农田的灌溉和民用水的问题（陈锦怀供图）

民兵建设与粉碎国民党"反攻大陆"阴谋

一、民兵建设

红海湾是国防前哨，处在对台湾蒋介石集团斗争的前沿。新中国成立以来，敌我斗争一直较为尖锐，台湾蒋介石集团经常派遣特务分子潜入境域，阴谋进行破坏行动。红海湾人民肩负着反特防特，维护社会稳定的艰巨任务。

1962 年 6 月，根据上级指示，田墘、遮浪两地成立"一反三防"（即反偷袭偷登，防空投空降、防暴乱、防破坏）指挥部。

从 1962 年 10 月至 1963 年 12 月，反特防特取得很大成绩，取得了反特防特和维护社会稳定的重大胜利。

1958 年"大跃进"期间，全国城乡掀起了大办民兵的热潮，将民兵作为反特防特、维护社会治安的一支重要力量。各县在公社一级设立人民武装部，配备专职武装干部，把适龄、符合条件的男女公民，都编入民兵组织，并按师、团、营、连、排编组，县建立民兵师，公社建立民兵团，大队建立民兵营。民兵占总人口的40%以上。

1962 年，根据国务院颁发的《民兵工作条例》和毛泽东关于"民兵工作要做到组织落实、政治落实、军事落实"，海丰县作出了按"三落实"要求加强民兵建设的决定，调整了民兵兵龄，撤销了一些不符合实际的民兵组织机构，并结合各行业的实际情况进行编组。渔民根据作业的不同情况，以渔船为单位编组。其他实行基干民兵和普通民兵混合编组。

民兵在社会主义建设中发挥了重要作用，其主要活动包括四个方面：第一，参军作战；第二，保卫海防；第三，维护社会治安；第四，参加抗灾抢险和生产建设。

二、粉碎"反攻大陆"阴谋

20 世纪 60 年代初期，中国大陆处于暂时困难时期。从 1962 年 10 月 1 日开始，蒋介石集团不时地从海上和空降频繁地对东南沿海派遣武装特务数十股，其中潜入海丰县境内就有五股。红海湾面临港澳，离台湾又近，因而便成为国民党"反攻大陆"的第一落脚点。1962 年 9 月 26 日，台湾国民党当局派遣了名叫"广东省反共救国独立第二纵队"的一股武装特务 14 人，由机船护送，从高雄出发至 10 月 1 日凌晨 4 时，偷潜入遮浪炮台山的青鸟岛，伪装成人民解放军，隐蔽在岩洞里，第二天分头出洞，遮浪民兵发现后即报告当时的田墘公社党委会。田墘公社党委一边火速报告上级，一边撒下天罗地网，打人民战争。党委一声令下，红海湾民兵按作战部署，全部出战。群众不分男女老少，拿锄头，出尖串，持扁担，抢铁搭，全民皆兵。终于，在英雄的红海湾人民面前，这股特务全部束手就擒，包括他们的"司令"陈正光，"副司令"刘慕贤、阮嘉贤，"电台台长"刘新民。缴获了美国制造的电台、无声手枪、冲锋枪、卡宾枪、加拿大短枪和各种子弹、戒刀、毒药、密写药剂、通讯密码、假人民币、假粮票、假人民解放军军服及其他军用物资一大批。红海湾人民这次歼敌胜利，轰动全国。当时的多家报纸进行报道，其中《民兵报》以"一弹未发，一网打尽"为题，报道了这次歼敌的胜利。当年年底，中华人民共和国公安部就广东省（1962 年度）全歼九股特务的胜利，以"粉碎美帝国主义和蒋匪帮对大陆进行骚扰破坏的罪恶计划"为题，发表了公报。公报特别报道了海丰遮浪全歼第一股美蒋匪特的情况。一些单位、干部、民兵以及翁深在、吕志民、陈卫、罗针等几位英雄受到了表彰。

全歼第一股美蒋匪特，彰显了红海湾革命老区人民发扬革命传统，听从党的指挥，不怕苦、不怕死、敢于斗争、善于斗争的精神风貌。

第三节 拨乱反正 起步发展

一、阴霾初拨步履维艰

（一）落实党的干部政策和知识分子政策

1972 年初开始，汕头地委把落实党的干部政策列入重要议事日程，专门召开地委、地区革委会扩大会议，研究落实干部政策的措施。随后，地、县、社三级对各类案件进行了清理复查，4 月，地委召开会议认真传达和学习了省委书记王首道关于落实党的知识分子政策的报告，研究了全区落实知识分子政策，并强调各组办要指定一位领导负责该项工作。接着，地委组成了以组办、各战线为主的落实政策检查组 20 多人，用两个月的时间，深入到海丰县、潮安县等地进行检查，使党的知识分子政策得到进一步落实。1975 年 2 月 10 日，为了贯彻执行省委 1975 年 5 号文精神，加强对全区落实政策工作的领导，地委决定成立落实政策领导小组，由地委副书记李士达任组长。领导小组下设办公室，由地委组织部副部长纪力清任办公室主任。随后，地委落实政策办公室根据"有反必肃、有错必纠"的方针，按照省委提出的落实政策的"七个标准"，对各县市落实政策情况进行检查验收。

（二）落实党的经济政策

根据汕头地委于 1971 年 5 月下发文件，红海湾区境把落实党的农村经济政策作为深入开展农村"斗、批、改"和加强基层建设的一场硬仗来打，作为加快"农业学大寨"步伐的巨大动力，统一研究和部署了全区开展这一工作的做法和要求。

一是克服一些社、队体制规模多变的错误倾向，进一步落实了"三级所有，队为基础"的政策。二是克服"单一经营"倾向，进一步落实"以粮为纲，全面发展"的方针。三是克服劳动计酬上的平均主义，进一步加强了劳动管理。四是克服财务管理混乱现象，建立和健全财务管理制度。

1973 年 1 月 26 日，广东省委发出《关于全党动手，大办农业进一步开展农业学大寨群众运动的决定》，汕头地委于 5 月 30 日发出《关于进一步落实农村经济政策若干具体问题的意见》，意见分为 20 个方面共 60 条，对党的粮食政策、农村社员口粮分配、农村集市贸易管理、农村商业、社队企业、农村家庭副业和个体手工业、劳动管理、财务管理、农村养猪以及计划生育等问题作出了具体规定。汕头地委在落实农村各项经济政策过程中，在一定程度上解决了分配、计酬不合理现象，调动了广大农民的积极性，对农业生产和经济恢复发挥了重要作用。

1974 年 11 月，广东省整顿运输市场工作经验交流会在汕头市召开。会议介绍了汕头地区、江门市和海丰、惠东、新兴县以及饶平县海山公社等单位开展整顿运输市场的经验，研究了深入整顿运输市场和加强管理的措施。

通过在实际工作中对"文化大革命"中一些"左"倾错误作了一定程度的纠正，1972 年和 1973 年红海湾区境的国民经济形势开始出现好转。

二、批判"四人帮"恢复各项事业

1976 年 10 月 6 日，以华国锋、叶剑英为核心的中央政治局，执行党和人民的意志，采取断然的措施，对王洪文、张春桥、江青、姚文元实行隔离审查，从危难中挽救了党和国家，"文化大革命"的内乱至此结束，红海湾区境人民笑逐颜开。

1976 年 10 月 7 日至 14 日，中共中央政治局在北京分批召开打招呼会议，会议揭批了"四人帮"篡党夺权的阴谋活动和罪行。10 月 18 日，中共中央发出《关于王洪文、张春桥、江青、姚文元反党集团事件的通知》（中发〔1976〕16 号文），全面部署揭批"四人帮"的斗争。

"文化大革命"结束后，红海湾革命老区人民响应党的号召，听从党的指挥，顾全大局，追求稳定，谋求发展，全力投入，千方百计把在"文化大革命"中的损失夺回来。按照上级的战略部署，开始调整各种经济关系和社会关系，平反冤假错案，整顿各级领导班子，恢复和发展国民经济和社会各项事业。

三、落实侨务政策和统战政策

（一）落实侨务政策

红海湾区境是侨乡，侨务工作尤为重要。落实侨务政策，是争取侨心的关键，也是开展侨务工作的基础。

1978 年初，传达贯彻中央 1978 年 3 号文件精神，各项侨务政策逐步得到贯彻落实。至 1983 年 6 月底，全区因"海外关系"造成的冤假错案已基本给予改正，"文化大革命"期间被挤占的私房、改造时被错改和土改中遗留的华侨房屋已处理落实了 80% 左右。1979 年至 1983 年 6 月底，全区探亲、旅游、洽谈贸易的华侨和港澳同胞日益增多。在侨务政策进一步落实的感召下，汕头地区广大华侨积极支援祖国建设。

（二）落实统战政策

"文化大革命"后，汕头地委对因阶级斗争扩大化错误造成的对统一战线的破坏及各种历史遗留问题，进行了认真清理解决。

1978 年开始，汕头地委贯彻中央的精神，全面落实统战政策，并成立了地委落实政策办公室，对民主党派，各阶层人士中的代表人物在反右派斗争、"文化大革命"中及历史遗留的重大案件，一项一项抓落实。对 1957 年错划为"右派"的予以改正，对起义投诚人员的身份重新查证、复查改正并做好善后工作；对原评为工商业者的小商、小贩、手工业者重新划为劳动者成分；对被划为工商业者的干部恢复其国家干部待遇；对因台湾关系受政治株连的台胞台属予以复查落实；对"文化大革命"中被查抄的统战对象给予清退落实；属统战对象被挤占的私房予以退还产权和使用权。

统战政策的贯彻落实，不仅提高了广大干部群众对党的统战政策的理解和认识，端正了对统战对象的看法，而且也使民主党派成员、原工商业者、宗教界人士和党外知识分子等统战对象，在政治上不再受到歧视，工作上得到信任和使用。

四、恢复高考

1977 年，邓小平出任国家副总理，分管文教，主持恢复高考。当年 9 月，国家教育部决定恢复已经停止了 10 年的高考，以统考、择优录取的方式选拔人才上大学。学生毕业后由国家统一分配。

恢复高考，改变了千百万人的命运，挽救了中国教育，也挽救了整个中国。时红海湾境内众多符合条件的学生，踊跃参加高考，亦取得了很好的成绩。

五、为错划"右派"、地主、富农分子摘帽

为更好地贯彻党的十大精神，团结一切可以团结的力量，调动一切积极因素，把消极因素转化为积极因素，为社会主义服务，

中共中央下发 1978 年 11 号文件，批转了中央统战部和公安部 4 月 4 日《关于全部摘掉右派分子的请示报告》，红海湾区境认真执行。至 1979 年底，在改正错划"右派"工作中，许多单位的办案人员发扬了党的实事求是的优良作风，在复审过程中做了艰苦细致的调查研究工作。

1979 年 6 月以后，地主、富农分子家庭成分是农民的一律称为农民，父母是干部、工人的，一律称为干部、工人。为地主、富农分子摘帽，社会上的消极因素转为积极因素。

六、真理标准问题的讨论和改革开放的探索

"文化大革命"结束后，党面临思想、政治、组织等领域全面拨乱反正的任务。从 1978 年 10 月开始，红海湾区境根据汕头地委的指示组织干部群众就真理标准问题进行讨论，并组织学习毛泽东的《实践论》《人的正确思想是从哪里来的？》和邓小平的《在全军政治工作会议上的讲话》，以及《实践是检验真理的唯一标准》等重要文章。

1978 年 12 月 18 日至 22 日，党的十一届三中全会在北京召开。全会高度评价了真理标准问题的讨论，认为它对于促进全党全国人民解放思想，端正思想路线，具有深远的历史意义。

真理标准问题的讨论，为冲破"两个凡是"的严重束缚，重新确立马克思主义的思想路线、政治路线和组织路线奠定了理论基础，成为实现党和国家历史性伟大转折的思想先导。

1978 年，随着真理标准问题讨论的深入，党的实事求是的思想路线得以逐步恢复，人们的思想也逐步解放。这一时期，汕头地区出现了改革发展的新苗头。

红海湾区境的农村于 1978 年底就开始了农村经济体制改革的探索。在这时期，还开展了对外来料加工装配业务的探索。

第六章

风雨兼程　崛起发展（1978—2012 年）

　　1978 年，党的十一届三中全会作出了改革开放的伟大抉择，开启了我国经济社会发展的历史新时期。改革开放以来，红海湾革命老区紧跟形势，攻坚克难，锐意改革，坚持以改革促发展，以发展促改革，走过一段思想大解放、经济大发展、社会大变革、人民生活大提高的好时期，各项事业取得了巨大的成就。基础建设成绩空前，民营经济发展迅速，现代服务业蓬勃发展，现代农（渔）业快速发展，思想道德建设成效显著，社会各项事业全面进步。

第一节 春潮初涌 活力迸发

一、正气回升万物复苏

党的十一届三中全会的召开，实现了我国历史上具有深远意义的伟大转折。沐浴着改革开放的春风，红海湾与全国各地一样，步入了改革开放和社会主义现代化建设的新时期。

1979 年，是贯彻执行党的十一届三中全会精神、实行工作重点转移和开始改革探索的开局之年。从此，红海湾人民执行党的十一届三中全会制定的路线、方针和政策，进一步解放思想，拨乱反正，沿着中国特色社会主义道路，朝着新时期的目标大步前进。

粉碎"四人帮"后，人们的思想政治觉悟逐步提高，更加感觉到安定团结的重要，全区社会秩序开始出现由乱到治的转机。具有光荣革命传统的红海湾人民，发扬战争年代的革命奋斗精神，在中国共产党领导下，团结一致，艰苦奋斗，在较短的时间内，扭转了大局。党的十一届三中全会以来，红海湾人民在拨乱反正的基础上，乘改革开放的东风，坚持以经济建设为中心，努力发挥地区的优势，稳步发展农业，大力发展渔业和第三产业，加速经济社会的全面进步。红海湾革命老区政治稳定、经济发展、市场繁荣，呈现一派欣欣向荣、蒸蒸日上的景象。

二、及锋而试成果初显

党的十一届三中全会确定把全党工作重点转移到社会主义经济建设上来，实行改革开放的方针政策。高度集中的计划经济体制，逐步向社会主义市场经济转变，红海湾区域开辟多渠道筹集资金进行经济建设的新途径，打破封闭型的经济格局，逐步向多层次、多形式的开放型和外向型经济转化，加快经济发展步伐，经济社会发展发生了巨大变化。

（一）实行家庭联产承包责任制

红海湾区境认真贯彻执行党的十一届三中全会的路线、方针和政策，进行农村生产和经济体制改革，逐步试行各种形式的生产责任制，以后发展为普遍性的家庭联产承包责任制。建立社区合作经济组织，取代公社三级所有制，把政社分开，逐步向各乡镇铺开。生产队或自然村成立经济合作社，大队成立联合社，乡镇（即原公社）成立经济联合总社。通过制订社章、加强管理、壮大经济实力，成为农村新的经济实体。

1979—1981 年，实行联产到组到劳力的责任制。把大田作物联产到组，采用"五定一奖罚"（定劳力、定责任田、定产量、定成本、定工分，奖勤罚懒）的做法，定产部分由生产队统一分配，超产部分由组处理，欠产由组全赔或酌情折减。

家庭联产承包责任制，亦叫包干到户责任制，红海湾区境在党的十一届三中全会后开始试行，并逐步全面推开，这是所有权与经营权分离的一种体制。土地划分到农户，农具、耕牛、厕所等折价归农户使用，由户联产承包经营，权利责任与利益紧密结合，克服过去由队集中经营、分配上平均主义吃"大锅饭"、社员出工不出力的弊端，能充分调动农民群众的积极性，符合这一阶段农村生产力的水平。1983 年，全区施行这种体制。

（二）实行改革，乡镇企业快速发展

改革开放政策的不断深化，使红海湾区境的乡镇企业异军突起。1978 年后，在坚持"公有制为主"的前提下，改变农业经济"以粮为纲"、结构单一的状况，发展多种所有制和多种经营方式并存的乡镇企业。到 1987 年，形成了乡、村、联户、个体四个大层次，集体企业、联户企业、个体企业、横向联合体四种形式共同发展的企业格局。同时，红海湾区境利用毗邻香港的有利条件，引进原料加工，发展"三资"和"三来一补"企业，一批外商及港澳台商投资的仪器厂、针织厂等乡镇企业蓬勃兴起。

随着改革开放的逐步深入，各个领域的改革开放得以推进。国有商业企业扩大经营自主权，实行独立核算，分灶吃饭，实行利改税，全面推行承包经营责任制，扩大经营网点，扩大购销业务，加速商品流通，取得明显经济效益。1986 年贯彻国务院作出的《关于深化企业改革增强企业活力的若干规定》后，全民所有制企业开始承包经营，企业实行多种形式的经营责任制，扩大了企业经营自主权，促进了企业内部机制改革，提高了经济效益。

（三）稳步推进，社会事业进一步发展

红海湾的广大干部职工，乘改革开放之春风，认真贯彻了党的路线、方针、政策，努力开创新局面，进一步促进了社会事业的发展。田墘红楼等革命文物保护单位通过复修，成了对红海湾区境人民特别是对青少年进行爱国主义和革命传统教育的重要基地。广播电视事业迅速发展，乡镇建立了有线广播电视站，电视已进入了千家万户，广播电视覆盖率达到了 95% 以上。

随着经济的发展，乡镇和管区建立了"三位一体"的文化室。这些思想文化宣传阵地的延伸，对于宣传党的路线、方针、政策和活跃城乡人民群众文化生活起到了不可替代的作用。特别值得一书的是，改革开放以来，教育发生了翻天覆地的变化。红

海湾干部和群众对"尊师重教，教育兴区"的现实意义和深远意义在思想认识上有了很大的提升。红海湾区境人民在各级党委政府领导下，把改变教学载体极端落后的局面当作一件突出大事来抓，从上到下开展了一场场有声有色的集资办学活动。在兴学育才、造福桑梓的这项事业中，港澳台同胞和海外侨胞慷慨捐献了大量资金，作出了不可磨灭的贡献。田墘白沙中学、东洲中学、遮浪张静中学以及红海湾区境近 20 所小学新建和扩建，足以充分证明。

卫生事业也有较大发展，在改善人民群众医疗条件，保障人民身体健康方面发挥了较大的作用。

（四）抓住根本，促进人民生活水平大幅提高

改革开放以来，国民经济蓬勃发展，城乡居民就业面广，经济来源不断拓宽，收入大大增加，生活水平不断提高。城乡居民收入来源向多元化趋势转变。城镇居民由改革开放前单一的工资向基本工资与奖金、津贴和其他收入并举的方向转变；农民家庭收入来源也不断扩大，由单纯靠种养业收入向多种产业多渠道拓展。农民家庭收入渠道向多产业的多元化转变，这不仅为农村脱贫致富开辟了广阔的道路，而且冲击了旧的小农经济的观念，开阔了视野，为农村进一步调整产业结构，发展农业商品经济，走城乡一体化道路打下了思想基础。

汕尾建市　发展进入新时期

1988 年 1 月，经国务院批准，在原海丰、陆丰两县行政区域上设置地级汕尾市，并析海丰县南部沿海的汕尾、红草、马宫、东涌、田墘、捷胜、遮浪 7 镇设置市城区。

自 1988 年 1 月至 1992 年 1 月，红海湾的田墘、遮浪两镇隶属汕尾市城区。

汕尾建市，给海陆丰经济社会发展带来生机，增强活力。隶属城区的田墘镇和遮浪镇迎来发展的良好契机。干部群众的积极性得到充分的调动，改革开放起步稳健，各行各业，各展风采，社会文明程度得到提升，人民生活逐步改善，党建工作进一步加强。

一、干部队伍进一步加强

为了适应汕尾建市和城区设区的形势要求，在上级的指导下，汕尾市城区成立了领导班子。时田墘、遮浪两镇的领导班子进行了调整充实，坚持"革命化、年轻化、知识化、专业化"的方针和"德才兼备"的原则，加大年轻干部和妇女干部的比例，采取交流轮岗、招聘、公开选拔、竞争上岗等措施，进一步拓展了干部队伍的来源渠道，改善了领导班子和队伍的结构，出现了士气大振的良好现象。

二、着力抓基础设施建设

为了适应新市新区发展需要，市、区、镇三级都编制了新的发展规划。总体规划由汕头市建筑设计院和天津大学联合编制。作为建制镇同时又是老区镇的田墘、遮浪，对公共设施、公共事业、道路布局、居民住宅和经济文化设施设备进行合理的规划和建设。在公路、水利、供水供电、教育等方面都取得一定成效。

三、搞好改革促经济稳步发展

汕尾建市、城区设区之时，是我国改革开放的起步期，又是整顿经济秩序时期。在 1988—1992 年，城区在工业、经济、农业、文化、教育等方面进行了改革。把渔业作为农村经济的重要产业；加大内联外引、招商引资力度，发展"三资"和民营企业，"三来一补"享受优惠政策等等，进一步促进了经济的发展。1992 年，人均地区生产总值由 1988 年的 1128 元提高到 1739 元；农民人均年纯收入由 1988 年的 749 元提高到 948 元；职工年均工资由 1988 年的 1437 元提高到 2621 元。

四、打击走私斗争成绩突出

汕尾建市前，海上走私较为严重。城区设区以后，各级党政高度重视反走私斗争工作。成立专门机构，切实加强领导，加强警民联防，保持高压态势，有力打击走私活动，维护海上生产秩序和社会稳定，促进经济发展。

红海湾设区　开启第二次创业

1992年，邓小平视察南方，作了系列重要讲话。11月，广东省人民政府批准设立汕尾红海湾经济开发试验区（以下简称"红海湾区"）。1993年2月，汕尾红海湾经济开发试验区正式挂牌成立。建区以后，广大干部群众抓住这一难逢的机遇，同心同德，鼓足干劲，开始第二次创业。

一、切实抓好基础设施建设

随着邓小平视察南方重要讲话发表，红海湾经济进入一个快速发展期。建区以后，立足土地、侨乡和海洋资源优势，紧紧围绕"经济要发展，交通要先行"的总体目标，坚持近期规划与长远规划相结合，建设与效益相统一的原则，制订了全区公路建设总体规划，成立了区公路建设工程指挥部。特别是1998年在全区总体发展规划中，选准"搞好公路建设、改善投资环境"为突破口，挖掘内在潜力，多渠道筹资，大力实施公路建设规划。建区以来全区投入公路建设资金1亿多元，新修筑了田墘至遮浪13千米长、12米路基、9米宽二级混凝土路面的标准公路，实现了全区人民的夙愿。田墘至湖东公路完成了长3千米、宽7米的水泥路面铺设。由东洲街道和深圳天源集团联合修建的东洲经湖东至桥仔头东洲综合码头约7千米的公路，已完成路基和桥梁、涵闸等工程。全区的交通状况有了明显的改观。

港口建设方面。全区海岸线长 72 千米，海岸水深最深处 16 米，港湾条件好，素有"百里海湾尽良港"的美称，一年四季万吨级以上的大轮船均可进港。白沙湖、后江湾一带多处可建设 10 万吨泊位码头。又临近国际航道，且有国际航标灯塔，可为大型轮船导航，建设各类型码头的条件十分优越。建区以来，红海湾区为码头建设、改善投资环境做了大量的工作。1998 年遮浪渔货码头和东洲港小澳万吨级码头相继动工建设。遮浪渔货码头已投入资金 144 万元，完成了渔货码头水泥柱 62 条，横梁 30 条，浚沙 5 万立方米。东洲港小澳万吨级码头总投资 1.05 亿元。已投入资金 1200 万元，完成了测量、勘测、论证、征地、修路、航导标向、炸礁、场地平整、油库、水泥预制块安装等前期工程。

供水供电方面。红海湾区设立自来水公司，辖田墘、遮浪两个供水公司，负责全区的生活和工业用水供应。全区日供量 3000 吨，有供水用户 5861 户，占总数的 70%。区管委会筹集资金开始兴建供水工程，从汕尾市城区的宝楼水库引水，解决区内水源不足的问题。省、市已将红海湾区的供水工程列入重大议事日程，省政府拨款 2000 万元、市政府拨款 500 万元，帮助红海湾区兴建供水工程。

汕尾电力工业局在红海湾区设立红海湾电力分局，辖田墘、遮浪两个供电所。红海湾建区之前，全区只有 1 座 35 千伏变电站，主变容量为 6350 千伏安，35 千伏输电线路为 18 千米。随着红海湾区经济的发展和人民生活水平的不断提高，原有的输配变设施已经不能适应经济的发展和人民生活的需求。1995 年，在东洲新建了一座投资 1300 万元的 11 万伏输变电站，主变容量为 31500 千伏安，110 千伏输电线路 21 千米，全区开发建设的电源基本满足。全区 1998 年用电量为 1880.4 万千瓦时。红海湾电力分局设立后，在红海湾区管委会的大力支持下，有计划对农村电网进行改造，逐步实现"抄表到户"使开发区电网更加合理和完善，供电可靠性大大提高。

邮政、电信方面。全区有田墘、遮浪邮政支局和电信支局，均隶属市邮政局、电信局郊区分局管理。1997年全区现有电话用户7807户，移动电话用户1900户，全部采用数字化传输手段。

1998年新增电话900户，邮政、电信年业务收入1020万元。田墘、东洲街道的电话普及率为46%，遮浪街道的电话普及率为72%，遮浪是继海丰县鲘门镇之后的全市第二个电话镇。

二、稳中求进经济进一步发展

1993年以来，红海湾坚持稳中求进，促进经济逐步发展。

工业生产稳定增长，工业企业从1993年的219家发展到1998年的279家，增加了60家；工业企业职工人数从1993年的6232人发展到1998年7926人，增加了1694人；工业总产值从1993年的7259万元增加到1998年的2亿元，1998年工业总产值比1993年增加了1.76倍，年平均增长16.8%。

1998年，工业经济保持了持续、快速、健康的发展势头。1998年全区完成工业总产值2亿元，比上年增长12.1%。其中乡及乡以上工业完成工业总产值1446万元，比1993年增长56.7%，比上年增长33.3%；村及村以下工业完成工业总产值1.86亿元，比1993年增长114.3%，比上年增长11.4%；重工业完成总产值3304万元，比1993年增长4.4倍，比上年增长23.2%；轻工业完成总产值1.67亿元，比1993年增长10370元，比上年增长16.4%。1998年，全区工业企业出口产品完成4100万元，占全区工业总产值的20.5%。工业企业产品出口额比1993年增长了3倍，比上年增长28.1%。工农业经济效益有所提高。企业利税增加，扭亏增盈取得一定效果，盈亏相抵实现利润总额510万元，比上年增长 12%。面对新的市场竞争环境，全区工业积极调整产品结构，1993 年毛织行业的工业产值占工业总产值的 42%，1998 年毛织行业工业总产值的比重下降到 30%。同时技术含量高的产品比重有所增加，1995 年底创办的万聪船舶修造厂具有年产 3 对钢质渔船 2400 吨，修理 600 艘渔船和供冰 2 万吨的能力；1995 年 7 月创办的嘉利电子厂生产的"嘉利娜"照相机出口香港及东南亚等地；雅安日用化工有限公司和昌兴珠饰厂等生产的产品调整了全区的工业结构。

红海湾工业企业注重开拓新产品、争创名牌，效益不断提高。陆洋实业有限公司生产的国际 470 级帆船、欧洲级帆船、激光级帆船、国际 OP 级帆船、帆板均获得国际帆联的技术认证。广东大哥大集团有限公司的注册商标"大哥大"是全省著名商标，生产的 DKD 西装，富蕴东方神韵，深为消费者所信赖，曾获"中国十大名牌西装"提名奖、"金桥奖"和中国名牌"创造奖"，在纽约国际商品博览会及北京国际服装、服饰博览会上均获质量金奖，被国家体委选用为第 26 届奥运会中国记者团礼宾服。

全区各乡镇企业认真实施《中华人民共和国乡镇企业法》，充分调动乡镇企业的积极性，促进了乡镇企业的稳步发展。全区 1993 年乡镇企业 1363 家，到 1998 年增至 2951 家；1993 年乡镇企业职工 8560 人，发展到 1998 年乡镇企业职工 9986 人。全区 1998 年乡镇企业完成总产值 3.20 亿元，比 1993 年增长 3.4 倍，年平均增长 34.2%；总收入 2.96 亿元，比 1993 年增长 3.2 倍，年平均增长 33.3%，实交税金 200 万元，税后利润 579.5 万元，出口创汇 1220 万元。

三、以改革促农业与农村经济逐步发展

红海湾区重视农田水利设施建设，推广科学种植和抓垦荒复

耕，使粮食生产连年保持增长。1998 年全区投入水利建设资金708 万元，投入工日累计 31.3 万个，完成土石方 28 万立方米，新增灌溉面积 20 公顷，改善灌溉面积 100 公顷，新增排涝面积 20公顷，治理水土流失 0.8 平方千米。1998 年全区粮食种植面积2978.67 公顷，粮食总产量 1.47 万吨。蔬菜种植面积 701.47 公顷，总产量 1.46 万吨。科技含量较高的台湾西瓜、珍珠西红柿获得好收成。台湾火龙果培苗成功，使培植珍稀蔬果品种有新的突破。水产养殖呈现良好势头，全区工厂化养鲍鱼场增建至 8 个，投入资金 3100 万元，养殖水体 1.83 万立方米，培苗面积 5600 平方米，投放鲍苗 1100 万粒，周期产量可产成品鲍 90 吨，产值1600 万元。同时一些投资少效益高的小型家庭式鲍鱼养殖业亦悄然兴起。对虾养殖面积 286 公顷，产量 520 吨；网箱养鱼 550 个，1.98 万平方米，产量 140 吨。遮浪街道与台商合作兴建的鲍鱼饲料（龙须菜）养殖基地，为实现多元化养殖作了新的实践。1998年全区海水养殖面积 1527 公顷，总产量 1.97 万吨，总产值 5314万元。海洋捕捞总产量 1.04 万吨，总产值 7933 万元。完成山地造林 3400 亩 34.4 万株，公路造林 15 千米，1.05 万株。全区畜牧业也有新的发展，共饲养生猪 3.03 万头，耕牛 1545 头，"三鸟"35 万只，肉类总产量 1498 吨。

以海洋经济、"三高"农业、乡镇企业为主的农村经济稳步发展，有效推动了农业基地化、产业化，形成海洋捕捞、海水养殖、蔬菜及水果种植等一批生产基地，使农村经济得到巩固提高。1998 年全区农村经济总收入 2.91 亿元，农民人均纯收入 2648 元。

根据实际，采用"走出去，请进来"参加洽谈会和专业化小型招商会相结合的方式，积极开展招商引资。1998 年 8 月参加广东省政府在香港举办的第二届中国投资贸易洽谈会，签订协议 8个，协议投资 4427 万美元。10 月在美国举办的广东省经贸招商洽谈会上，签约投资 12 宗，合同利用外资 1083 万美元，实际利用外资 315 万美元。1998 年，外贸部门以利用外资为龙头，外贸出口为重点，以效益为中心，加快两个根本性转变，抓改革，促发展，外贸出口与实际利用外资连续两年保持增长。特别是开发区对外贸易总公司利用开发区的资源优势，组织海产品、农副产品、服装等货源出口东南亚、中国香港等地，1998 年出口额为 2162 万美元。

四、多措并举推动社会事业较快发展

积极推行素质教育，教育质量逐步提高。全区有全日制中小学校、幼儿园 29 所（私立除外），其中初级中学 2 所，完全中学 1 所，小学 25 所，幼儿园 1 所。1994 年 12 月，开发区会同汕尾市城区一起，接受省市普及九年义务教育检查验收，基本合格。1998 年白沙中学高三年级学生刘德昌获全国数学联赛二等奖。

1998 年全区全日制在校学生 1.84 万人，比上年增加 67 人，其中小学生 1.30 万人，入学率、毕业率、辍学率分别为 99%、99.3%、0.9%；初中学生 5103 人，入学率、毕业率、辍学率分别为 95.7%、99%、1.36%；高中学生 342 人，毕业率 97.1%。

全区有教职工 818 人，其中专任教师 763 人。获得初级专业技术职称的 691 人，中级专业技术职称的 54 人，获得高级专业技术职称的 3 人。小学教师中，具有中师（高中）学历的 452 人，具有专科学历的 95 人，具有本科学历的 1 人，达标率为 86.2%；初中教师中，具有中师（高中）学历的 36 人，具有专科学历的 139 人，具有本科学历的 6 人，达标率为 80.1%；高中教师中，具有专科学历的 14 人，具有本科学历的 11 人，达标率为 44%。

1998 年全区校园面积 29.8 万平方米，比上年扩大面积 1.5 万平方米。其中教室 3.60 万平方米，实验室 2063 平方米，仪器室

1295 平方米，教师住房 352 套，2.75 万平方米，共投入资金 4008 万元。运动场地 9.5 万平方米，投入资金 237 万元，比上年增加了 45 万元；教学仪器设备 81 万元，体育、卫生器材 54 万元，分别比上年增加了 23 万元、16 万元，图书 21.16 万册，比上年增加了 1.15 万册。

1998 年，全区有卫生院 3 所，总占地面积 1.63 万平方米，建筑面积 6676 平方米。其中业务用房 5042 平方米，职工住房 22 套，1634 平方米。医疗设备投入资金 140 万元。乡村医生 65 人，个体医生 23 人。全区有门诊网点 16 个，门诊数为 10.12 人次。全区有医务技术人员 108 人，其中具有医士技术职称的 44 人，具有医师技术职称的 18 人，具有主治医师技术职称的 10 人。

文化活动活跃，象棋赛、拔河赛、健身跑、运动会、文娱活动等经常举办。1995 年全区有电影院 4 间，录映室 2 间，书店 14 间，游戏机室 11 间，歌舞厅 1 间。

1995 年 5 月 22 日，区教育卫生局在白沙中学举行了开发区首届中小学生田径运动会，并于同年 7 月 20 日组队参加市第一届少年、儿童田径运动会，取得了县（区）团体总分第二名、初中组团体总分第二名、小学组团体总分第一名的好成绩。

1995 年 2 月 9 日至 12 日，区组队赴市参加乒乓球、象棋比赛。乒乓球比赛取得团体总分第二名，林伟坤获象棋比赛个人赛第二名。

五、抓好重点项目为大发展打好基础

红海湾建区以后，着力抓好重点项目，并强力推进实施。

（一）汕尾红海湾发电厂

位于汕尾红海湾境内的发电厂于 1993 年经国家计委批准立项。总装机容量 492 万千瓦，前期工程动态投资 130 亿元。厂址位于开发区白沙湖畔，该项目已列入广东省"九五"能源发展规划和广东省东西两翼发展规划，是广东省重点建设项目。

（二）广东海上运动场

位于红海湾旅游景区内的广东海上运动场，经省计委批准立项建设，计划首期投资 4300 多万元。1998 年完成规划设计工作，2000 年底建成集训练、旅游、观光、娱乐于一体的海上运动训练基地。该海上运动场位于遮浪半岛南端，面临南海，于 1995 年初开始筹建，占地 18.9 万平方米。筹建以来已投入资金 500 万元，建有临时建筑 3000 平方米，1996 年省帆船队进驻集训。自 1995 年以来，该海上运动场成功举办了规模较大的 4 次赛事：1995 年 7 月举办了全省少年帆板赛；1996 年 11 月举办了亚太地区帆板锦标赛暨奥运精英赛；1997 年 9 月举办了全国帆船锦标赛；1998 年 5 月、6 月分别举办了广东省第十届运动会帆船、帆板赛。

（三）东洲港小澳万吨级码头

经省计委批准立项，由深圳天源集团股份有限公司、东洲天源投资有限公司、红海湾经济发展总公司共同投资兴建的东洲港小澳万吨级码头，位于东洲街道桥仔头村笑面澳，总投资 1.05 亿元。1998 年 4 月 26 日动工兴建。已投资 1200 万元，完成了测量、勘探、论证、征地、修路、航道标向、炸礁、场地平整以及油库、水泥预制块安放等前期工程。

（四）兆兴集团工业园

兆兴集团工业园是广州市兆鹰五金有限公司和台湾兆元实业有限公司合资在龙腾工业区内兴建的工业园，总投资约 3000 万美元，主要生产销售文具、日用金属制品及玩具、照相机及其配套器材。首期工程已投入资金 300 多万元，进行征地、拆迁和建设 3000 平方米的标准厂房。

（五）白沙湖堤围加固达标工程

白沙湖堤围始建于明初，是保护田墘、遮浪、东洲 3 个街道近 10 万人民群众生命财产的重要屏障。1972 年对大堤扩建后，堤围总长达到 6.9 千米，集雨面积 46.2 平方米，围内耕地面积 3000 公顷。当时扩建时受财力、设计、施工等方面因素的制约，堤防工程达不到安全标准，留有隐患，严重威胁当地人民群众的生命财产安全。为此，1998 年红海湾区党工委、管委会决定对该大堤进行加固。白沙湖堤围于 1998 年被广东省水利厅列入省 1998 海堤加固达标示范工程项目，工程总投资 2500 万元，1998 年 11 月 24 日动工兴建。该堤围建成后，将采取堤路结合的方式，经省计委批准立项的遮浪至海丰大湖的沿海国防公路将直接通过堤面修建。

（六）汕遮公路改造工程（开发区路段）

1993 年 3 月 10 日，红海湾区管委会向省计委上报汕遮公路改造工程可行性研究报告。1994 年 6 月 17 日，省计委批准该工程可行性报告。汕遮公路改造工程起于海汕公路佛汕陶瓷厂附近，经东涌、田墘，至遮浪，全长 25.7 千米。开发区路段（田墘至遮浪）13 千米。自 1993 年工程动工至 1996 年 11 月，红海湾区对该区路段 13 千米共投入资金 5870 万元，完成了土路基、桥涵，确保了 1996 年亚太地区帆板锦标赛顺利举行。1998 年红海湾区管委会又筹资 2500 多万元，于年底把该路段 13 千米土路基铺上 9 米宽的混凝土路面。红海湾风电场、针织厂、国防公路、自来水厂及管道铺设、红英中学兴建等重大项目相继投入建设，进展顺利，效果显著。

志奔小康　兴起新一轮发展潮

2000 年，党的十五届五中全会第一次提出"全面建设小康社会"的历史任务。党的十六大报告中进一步明确了"全面建设小康社会"的丰富内涵，提出要在本世纪头二十年，集中力量，全面建设惠及十几亿人口的更高水平的小康社会。红海湾坚持深入贯彻落实党的十六大、省九次党代会、市四次党代会精神，真抓实干，艰苦拼搏，积极实施市委、市政府提出的"全面推进奔小康，再造一个新汕尾"的发展战略，使全区经济社会发展取得了新成就，走上跨越发展的轨道。

一、抓改革国民经济持续发展

充分利用汕尾红海湾发电厂建设的辐射效应，积极实施"1+4"经济发展战略，激活了经济的发展活力，使国民经济呈现快速发展的势头。2004 年全区生产总值 10.56 亿元，比上年增长 20.8%。其中，第一产业增加值 2.31 亿元，同比增长 2.0%；第二产业增加值 4.85 亿元，同比增长 51.2%；第三产业增加值 3.40 亿元，同比增长 9.8%。财政一般预算收入 0.1035 亿元，同比增长 55.17%；全社会固定资产投资 11.12 亿元，同比增长 128.4%；社会商品零售总额 5.34 亿元，同比增长 11.3%；农民人均纯收入 3537 元，同比增长 4.5%。

（一）产业结构调整加快

一是农业内部结构调整加快。2004年该区积极落实中央1号文件精神，按照"多予、少取、放活"的方针，通过减轻农民负担，改善农业水利设施，发展经济作物和渔业生产等措施，确保了农民增收、农业增效、农村增益。全年实现农业总产值3.4亿元，同比增长3.4%。其中全区渔业总产值达到2亿元，同比增长4.1%，占整个农业总产值60%，实现了海洋渔业"稳中求进，有效增长"的目标。二是工业生产持续增长。全区累计完成工业总产值4.8亿元，同比增长13.8%，其中国有工业及年销售收入500万元以上非国有工业产值1.9亿元，同比增长12.5%；500万元以下私营企业和个体工业完成产值2.9亿元，同比增长13.6%。大哥大、集华风电、陆洋实业、南方泰源钢结构等企业进一步增资扩产；个体工业企业稳步增长；工业园区规划面积达到13.5平方千米，入园企业达到6家，投入资金近11亿元。三是第三产业蓬勃发展。通过抓好旅游品牌宣传，推出特色旅游线路，进行旅游管理体制改革，强化行业管理，使全区旅游业得到进一步发展。2004年，前来该区旅游观光的游客38.5万人次，带动相关行业经济收入9605万元。旅游业发展推动了交通、商贸、流通等行业快速发展，全区消费品零售总额达到53405万元，同比增长11.3%。同时蓬勃发展的旅游业形势吸引了大批投资者，大中华、颐养园、度假渔村等旅游配套项目已相继落户该区。

（二）重点项目进展顺利

全区固定资产投资在汕尾红海湾发电厂和红海湾风力发电场扩容改造工程两大重点建设项目的拉动下，2004年，完成固定资产投资11.12亿元，同比增长128.4%，是建区以来投入最多的一年。汕尾红海湾发电厂全年投入资金9.28亿元，累计完成投资11.5亿元；红海湾风电场二期扩容工程完成投资1.4亿元。全年修建农村公路水泥路面 18.3 千米，一些乡村公路工程加紧施工；遮浪客运站完成前期各项准备工作；白沙湖港区完成了规划工作，开发步伐日渐加快。此外，水利建设、旅游区配套工程等项目建设，也投入大量资金，工程进展较为顺利。

（三）招商引资势头强劲

借助汕尾红海湾发电厂上马建设的辐射效应，通过落实招商引资责任制，积极利用各种渠道和招商平台参与引资活动，大力推介红海湾区的投资环境，吸引了大批外商和港澳台商前来投资置业。2004 年新批合同 7 宗，合同投资额 1180 万美元，实际利用外资和港澳台资 452 万美元。这些项目主要是红海湾港盈运输有限公司项目，投资额为 103 万美元；红海湾白沙湖度假渔村有限公司项目，投资额为 350 万美元；汕尾科拉迪尼服装有限公司项目，投资额为 100 万美元；广东丰源直通客运有限公司项目，投资额为 2000 万港元；香港鸿记有限公司项目，投资额为 1200 万港元；另外还有一些增资扩产项目。同时，白沙湖港区、中石油、大中华、颐养园等 7 个项目签订项目协议，投资总额 7 亿美元，项目包含了港口、石油化工、旅游、风能、珠饰、养殖等领域。这些项目的审批和协议的签订，为全区做强做大外向型经济打下坚实的基础。

（四）外贸出口迅猛发展

根据全区外贸出口的实际情况，坚持在巩固加工贸易的基础上，培育新的出口增长点，实现了外贸出口快速增长的发展目标。2004 年实现出口总额 1800 万美元，同比增长 43.9%，超额完成市下达的出口任务。一方面，通过巩固现有加工贸易企业出口，切实为企业排忧解难，加强对企业的管理、指导和服务，促使全区加工贸易出口保持较大幅度增长，全年实现加工贸易出口 1565 万美元，同比增长 50.3%。另一方面，通过培育新的出口主体，扩大一般贸易出口。以遮浪宫前鲜活水产品出口临时作业点获得批准为契机，区加工装配公司积极向省外经贸厅争取到外贸出口经营权，使该公司通过组织遮浪渔户完成一般贸易出口鱼苗 54 万美元；同时，通过积极协调海关、边检等口岸管理部门，保证永活公司全年完成一般贸易出口 128 万美元。使红海湾区全年一般贸易出口实现 182 万美元、同比增长 9.6% 的目标。

（五）财政收入大幅增长

2004 年全区一般预算收入 1035 万元，首次越过 1000 万元大关，完成年初预算计划的 101.37%，比上年增收 368 万元，增长 55.17%。这个成绩的取得，主要得益于汕尾红海湾发电厂等一批项目建设的推动，地税组织税收 667 万元，国税组织税收 420 万元。

二、抓民生社会各项事业全面推进

（一）依法治区有序推进

主要体现在六个方面：一是计生工作扎实开展。2004 年的计生工作通过认真落实责任制，积极开展清理清查，加强基层服务网络和计生队伍建设等有效措施，全面完成了全年计生任务和全年人口控制指标。全年人口出生率 10.67‰，自然增长率 5.91‰，计划生育率 88.90%。二是殡改工作力度加大，把抓好遗体火化和"三道两区"乱葬坟墓清理作为重点来抓，加大殡葬管理力度和执法力度，使全区殡改工作取得稳步发展。2004 年全面完成火化任务，红海湾大道两侧乱葬坟墓大部分已清理。三是社会治安综合治理全面推进。始终坚持"打防结合、预防为主、标本兼治、重在治本"的方针，全面落实社会治安综合治理各项措施，维护了全区社会治安秩序的持续稳定。认真做好人民内部矛盾纠纷排查调处工作，全力维护了社会稳定。持续开展"严打"整治斗争和禁毒专项斗争，调处治安突出问题及群体性事件，加强对走私综合整治工作；而且，配齐中小学法制校长、加强普法宣传工作和综治基层基础工作，不断巩固和完善社会治安工作长效机制。四是环保监管工作取得突破。以实施"治污保洁"民心工程，改善环境质量为中心，加大重点建设项目治污设施的投入，认真落实"三同时"和"环评"制度，积极开展环保专项执法行动，实现了全年环境质量管理目标。五是安全生产工作管理到位。通过落实责任、宣传培训、专项整治和制度建设，初步构建起全区安全生产工作长效机制；同时认真开展消防安全、旅游安全、交通安全、燃油燃气市场、危险化学物品、矿产资源等专项整治工作，实现全年旅游安全零事故，减少了交通事故的发生，进一步规范了全区安全生产工作。六是市场经济秩序得到整顿和规范。通过加大对市场检查清理工作力度，加强打击走私贩私，开展加油点专项整治，查处取缔无照经营，组织打击制售假冒伪劣产品及非法传销、变相传销等一系列行动，规范了市场经济秩序，保证了市场有序正常运转。

（二）教育事业加快发展

改建和新建了一批教学楼和教师住房，全区"改危"迈出了一大步，全面彻底地解决了"两部制"突出问题。"大班制"得以有效地遏制。同时，通过宣传教育法律法规、抓好"减负"以及家访工作，防流控失工作也取得较好成效，进一步巩固提高了"普九"成果。切实加强学校管理、教学管理和德育工作，健全和完善中小学的管理制度，进一步促进了全区教育整体水平的不断提高，高考、中考、小学毕业考试均取得较好成绩。

（三）精神文明创建活动取得成效

全区围绕"爱国、守法、诚信、知礼"的精神文明建设主题，通过加强领导、落实责任、树立典型、全面铺开等措施，有力地推进区精神文明建设工作。同时把创建活动的平台与打击"黄、赌、毒"、"万众评公务"活动和计生殡改等工作结合起来，突出"无毒村""无毒社区""警民共建交通安全村"等精神文明建设。尤其是"美德在农家"活动，融入精神文明的创建工作，体现了新时期农村新风貌。

（四）社会保障力度加大

社会保险覆盖面继续扩大，2004年全区参加养老保险约3500人，工伤保险1986人，失业保险2355人，医疗保险1600人，初步实现了"老有所养，伤有所医，失业有所补"的目标。投入低保资金46万元，受益低保747户1005人，进一步加大了社会救济力度。按照义务兵家属优待标准每人每年2300元、分散供养"五保户"人均150元的标准，提高了特殊对象的优抚标准，享受优抚的对象达到297人。全区共减免书杂费52万元，受减免的学生2161人，初步解决了农村困难家庭子女"入学难"问题。全区新型农村合作医疗工作进展较好，使农村社会福利有了初步发展。

此外，顺利完成了海训工作和征兵工作，妇女儿童工作和共青团建设取得明显成效，"春蕾行动"和"扶孤助学"活动正常开展；文化卫生、民兵建设、劳动人事等社会事业都有较快发展。

三、抓党建执政能力得到加强

（一）开展大规模干部培训工作

按照中组部和省委办公厅《关于深入学习贯彻"三个代表"重要思想，开展大规模培训干部工作的实施意见》的文件精神，结合实际，红海湾区制订了《关于进一步加强干部教育培训工作的实施意见》，加强对领导干部、中青年干部、妇女干部、村"两委"一把手等的培训工作。同时按照省委、市委的部署，深入学习贯彻"三个代表"重要思想，适时进行"回头看"和落实整改措施，解决好党员和党组织在思想、组织、作风以及工作方面存在的突出问题，不断增强党组织和党员队伍的创造力、凝聚力和战斗力。

（二）推进固本强基工程

及时调整了一些街道和村的领导班子，把一批全局观念强，有工作实绩，群众公认和年轻有为的干部提拔到领导岗位上来，有力地加强了基层组织建设。解决了全区 28 个村（居）"两委"干部的工资待遇，加强了对早期入党的农村老党员的关心，彻底解决了村委会的办公用房。在非公有制企业中建立了 5 个党支部，非公有制企业党建工作取得新进展。认真做好了"解突"帮扶工作，使外湖、东一、施公寮三个经济比较落后的村有了较大改观。

（三）深入开展党风廉政建设

健全考核制度，对全区三个街道、23 个区直单位和 81 名领导干部落实党风廉政建设责任制情况进行了全面考核，进一步抓好了党风廉政建设责任制的落实，全区基层党风廉政建设责任制覆盖面达到 100%。认真实行节前打招呼制度，开展"公款吃喝风"专项整治，落实领导干部廉洁自律各项规定，进一步促进了领导干部廉洁从政。加大了违法违纪案件查办力度。大力整治教育乱收费和纠正医药采购及医疗服务中的不正之风。强化对减轻农民负担工作的监督和制止报刊征订的摊派行为。认真开展民主评议行风工作，纠风专项治理取得明显成效。加强对建设工程招投标管理、经营性土地使用权交易以及土地补偿费使用情况的执法监察，大力推进政务、厂务和村务公开及强化对干部选拔任用的监督，治本抓源工作取得较好进展。积极开展了"万众评公务"活动和整肃机关风纪活动，进一步治理和优化全区发展软环境。认真学习"两个条例"，建立健全各项监督制度，推动了党内监督工作的有序开展。

（四）全面开展共产党员先进性教育活动

按照省委、市委的工作部署，认真开展了"十百千万"干部下基层驻农村和"理想、责任、能力、形象"教育活动。同时把该活动的开展与区正在开展的"双挂双联"、大规模培训干部、整肃机关风纪和向郭赛福学习活动结合起来，确保了各项活动扎实有效地开展。

践行科学发展观　建设和谐社会

党的十七大把科学发展观写入了党章。红海湾坚持全面贯彻落实科学发展观，深入贯彻落实党的十七大、省第十次党代会以及市第五次党代会、市委五届三次全会精神，认真贯彻省委书记汪洋的讲话精神，紧紧围绕建设"临港经济区"和"滨海旅游度假区"的奋斗目标，继续解放思想，坚持改革开放，创新工作方式，巩固维稳成果，塑造正面形象，营造良好环境，提升发展水平，开创了各项工作的新局面。

一、狠抓发展第一要务不断增强经济发展实力

坚持以科学发展观为指导，狠抓发展第一要务，推进了全区经济又好又快发展。仅 2008 年，全区生产总值 13.22 亿元，同比增长 38.6%；工业总产值 24.28 亿元，同比增长 378.7%；农业总产值 3.95 亿元，同比增长 2.5%；社会消费品零售总额 2.98 亿元，同比增长 18.5%；财政一般预算收入 0.31 亿元，同比增长 28.0%；实际利用外资 123 万美元，同比增长 75.7%；外贸出口总额 650 万美元，同比增长 18.0%；全社会固定资产投资 4.43 亿元；农民人均纯收入 3839 元，同比增长 6.0%。从全年经济的运行情况看，红海湾已进入了快速发展的轨道，主要体现在六方面。

（一）抓好工业经济提高经济效益

这一时期，以汕尾红海湾发电厂为龙头的工业企业凸显了对

红海湾经济发展的强大拉动。2008年汕尾红海湾发电厂工业产值22.5亿元，占全区工业总产值的92.7%，电厂工业增加值占全区生产总值的60%。风电场顺利运行，"大哥大"注册商标被评为"中国驰名商标"，实现汕尾市零的突破，名牌效应和竞争实力大大增强，继成针织厂等重点工业企业继续保持良好发展势头，生产稳定，产销衔接顺畅，经济效益明显提高。

（二）落实责任确保重点项目顺利进展

进一步落实重点项目责任制，强化服务，加大投入，确保项目建设进展顺利。其中：2011年汕尾红海湾发电厂1、2号机组完工投产；电厂3、4号机组项目如期完成；区防洪潮工程建设顺利，遮浪角东人工鱼礁4、5期工程、农村安全饮水工程、遮浪水环境综合整治工程、林伟华中学科技教学楼、行政村公路、汕遮公路扩续建工程（红海湾段）等项目均按计划进行。

（三）切实抓好"三农"推进新农村建设

切实抓好"三农"，逐步调整优化农业和农村的经济结构，发挥优势，因地制宜，发展多种经营，实现农业和农村经济稳步增长。

继续加强渔业生态和生产管理，调整捕养生产布局，渔业综合效益进一步提高，2008年渔业总产量2.83万吨，产值2.85亿元，分别同比增长2.8%和2.9%。全区有工厂化鲍鱼养殖22家，水产品加工企业4家。农村工作进一步加强，强农惠农政策进一步落实，新农村建设稳步推进。

（四）开源创收促进财税收入增长

地方财政一般性收入逐年增长。2008年地方财政一般预算收入达3058万元，同比增长28.0%。其中，国税部门完成地方收入877万元，同比增长624.79%；地税部门完成地方收入1619万元，同比增长18.43%。金融形势稳定，2008年末金融机构存款余额 4.358 亿元，比年初增长 61.4%，其中居民存款余额 2.67 亿元，比年初增长 14.5%；贷款余额 7772 万元，同比增长 16.9%。

（五）发挥地缘优势搞活对外经济

发挥地缘优势，搞活对外经济，千方百计提高外资及港澳台资的利用率。着力抓好重点企业的技术改造，逐步提高出口产品科技含量，促进企业竞争力，确保外贸出口渠道畅通，至 2011 年底，已有香港关爱集团、香港华润集团、广东烨龙集团、中国五矿集团、东莞海联公司等一批企业集团到红海湾落户。

（六）明确目标加快旅游事业发展

发展旅游事业成为干部群众的共识，并为之努力。尤其是参加全省滨海旅游产业园区 PK 成功以后，着力打造"滨海度假胜地"国际品牌。不断优化旅游环境，提高服务质量。游客流量逐年增加，推动了交通、商贸、流通等行业的发展，有效促进了消费和个体私营经济的进一步发展。

二、有效推进社会各项事业不断发展

坚持优先发展教育事业，加大对学校基础设施的投入，发动知名企业家捐资办学。加强师德教育，完善奖教奖学等激励机制，推动教师队伍建设和教育教学质量的稳步提高，义务教育得到巩固和发展，全面实现了义务教育，小学适龄儿童入学率达到 99.32%，初中入学率达 95.81%，初中毕业生升学率 51%。普及高中阶段教育稳步推进，高中毛入学率 43.2%。

红海湾革命老区广大民众素有尊师重教的优良传统。在发展教育的过程中，以具体行动实践"人民教育人民办"发展观念。尤其是不少热心企业家和港澳同胞，他们心系桑梓，关心、支持家乡教育事业。旅港同胞张静先生，先后捐资 1600 多万元，迁建了遮浪张静中学。学校占地面积（86000 平方米）、建筑面积

（15000平方米）以及场、馆、室和教学设备设施达到规范化的标准。旅港同胞许子民先生捐资300多万元，扩建了遮浪中心小学

遮浪张静中学（遮浪张静中学供图）

遮浪中心小学（水龟寮校区）（遮浪中心小学供图）

（水龟寮校区）教学大楼。林伟华先生捐资500万元建设林伟华中学。带头捐资办学的还有全国人大代表翁一岚等一大批热心企

业家。"红海湾最漂亮的建筑物是学校"名不虚传。

积极筹措资金，加大对卫生设施设备的投入，购置了一大批先进的医疗设备设施，同时加强了对院容院貌的改造，优化了医疗环境。加强了农村合作医疗工作管理，

遮浪街道中心幼儿园（遮浪街道中心幼儿园供图）

确保全区农业人口100%参加合作医疗，并逐年提高补偿标准。城镇居民参加合作医疗工作得到很好的落实。

围绕完成汕尾市下达的人口控制指标的目标，通过落实层级动态管理责任制和计划生育利益导向机制，认真开展计生集中服务活动等工作，克服各种困难，紧扣计生工作重点、难点和核心环节，不断寻求工作切入点和突破点，全力推动全区人口与计划生育工作朝制度化、规范化、科学化管理目标迈进。

广播电视工作取得新进展。体育场地设施进一步改善，竞技体育取得新成绩。

社会救助、扶贫、救灾救济、残疾人事业不断推进。

殡葬管理进一步规范。军政、军民团结更加紧密。妇女儿童发展规划进一步落实，未成年人和妇女权益得到维护。国防工作进一步加强。国土、环保、社保、统计、审计、人防、民族宗教、外事侨务等工作取得新成绩。

三、以人为本推进和谐社会建设

红海湾区党工委、管委会把维护社会稳定作为重点工作来抓，

认真落实维稳责任，采取各种有力措施，确保全区社会和谐、稳定发展。

派驻工作队，及时化解群众矛盾。市、区为了进一步巩固和发展稳定的社会局面，派驻了东洲工作队。通过做好当地人民群众的宣传、思想教育工作，采取大量扶持、帮助、惠民、利民措施，使当地稳定的社会局面得到进一步巩固，新农村建设得到有效推进，取得了理想的效果。

加强社会治安综合治理，加快治安防控体系建设。通过严厉打击各种刑事犯罪活动，深入开展"双抢一盗"等专项斗争，防范和打击境内外敌对势力和邪教组织的渗透破坏活动，走私贩私、吸毒贩毒、黑恶势力等违法犯罪活动，维护了全区社会稳定，提高了群众的安全感。

区党工委、管委会切实兑现对人民群众的承诺，每年1200万元的扶持街道资金，每年近1000万元的养老、义务教育和农合补助资金全部按时拨给，并加大了对基层组织、老党员、孤寡残障及贫困群众的生活补助投入，继续为弱势群体解决生活困难问题。

四、加大力度进一步加强党的建设

解放思想，树立新思维。围绕武装头脑、指导实践、推进发展，以开展学习、讨论和实践活动为载体，增强科学发展的自觉性和能力。积极贯彻省委、市委部署，在全区范围内深入开展解放思想学习讨论活动，掀起了解放思想、改革创新、破解科学发展难题的热潮。各级党员干部特别是领导干部通过"沉下去"调查研究，"敞开门"听取建议，"走出去"学习取经，深化了对区情的认识，激荡了思维，拓宽了视野，找出了差距，增长了见识，激发了斗志，增添了干劲，形成了推进科学发展、跨越发展、促进社会和谐的新共识，制定了"以建设'临港经济区'和'滨海旅游度假区'为目标，着力建设'四大工程'，争当全市新一轮发展龙头"的工作思路。同时，制定出台了《关于争当实践科学发展观排头兵的实施意见》，推动了全区经济社会的快速发展，取得了解放思想学习讨论活动的现实成果和结晶。2008 年上半年，省委书记汪洋、省长黄华华先后视察汕尾市，市委书记戎铁文、代市长郑雁雄也先后视察红海湾区，就如何加快发展提出一系列指示，认真学习贯彻省、市领导讲话精神，继续深化解放思想，巩固成果，深化对科学发展观的认识，按照汪洋同志提出的"迎头赶上正当时，汕尾能够不当尾"，和市制定出台的《汕尾市实施砍掉落后尾巴行动纲要》，及时调整发展思路及措施，为红海湾实现科学发展、跨越发展提供了新的动力。

进一步加强党的思想、组织、作风建设。高度重视干部选拔任用工作，坚持把加强各级领导班子建设和干部队伍建设作为加强党建工作的重中之重，坚持以《干部任用条例》为准绳，严格贯彻选拔任用的原则和标准，严格执行选拔任用的程序和要求，严格遵守选拔任用的纪律，强化干部考核和管理监督工作，进一步完善了干部考核评价机制。开展整顿机关作风和"万众评公务"活动，机关作风趋好。加大案件查处力度，反腐倡廉工作扎实开展，党风政风进一步好转。

进一步加强基层建设。通过加强领导、精心组织，高质量完成了新一届农村选举工作，吸纳了一批素质好、能力强的农村干部，全区选举产生了村干部 183 人，新任支部书记 9 人，新任村委会主任 11 人；支部委员 143 人，村（居）委委员 116 人；其中支部书记兼任村委会主任 20 人，支部委员兼任村委委员 74 人，"两委"交叉任职率 52%。有针对性多次对基层干部进行培训，为提高新当选的农村"两委"干部的政策理论水平和开展新农村建设的能力，利用时间组织农村基层干部"走出去"，到汕尾市其他县（市）、汕尾红海湾发电厂以及外省市学习考察，开阔他们的视野，增强他们干事创业、建设好社会主义新农村的信心。同时完善了基层组织办公场所及配套设施建设，提高基层干部的工资待遇，切实开展"十百千万"干部下基层驻农村及"双融双建"主题实践活动，有力地加快了区农村基础建设和新农村建设步伐。

塑造新形象　迈出新步伐

红海湾区紧紧围绕"临港经济区""滨海旅游度假区"的建设目标，抢抓机遇，挖掘潜力，塑造新形象，攻坚克难，奋力拼搏，促使全区经济社会稳步发展，在科学发展、跨越发展进程中迈出了新步伐，取得了新成绩。

一、攻坚克难促进经济持续快速增长

正视形势，攻坚克难。东洲"12·6"群体性事件发生后，一段时间，2005 年以后红海湾的经济形势严峻。区党工委、管委会正视形势，攻坚克难，促使经济持续快速发展。仅 2011 年全区生产总值 25.39 亿元，同比增长 18%；农业总产值 5.24 亿元，同比增长 6.2%（其中渔业产值 3.72 亿元，同比增长 6.8%）；工业总产值 41.3 亿元，同比增长 30.9%，其中规模以上工业总产值 40.3 亿元，同比增长 34.8%；社会消费品零售总额 3.99 亿元，同比增长 15.2%；财政一般预算收入 6480 万元，同比增长 30.9%。

继续抓好"三农"工作，促进农业经济稳步增长。切实加强"三农"工作，发挥自然优势，引导农民因地制宜，发展多种经营，逐步调整优化农业和农村经济结构，促进了农业和农村经济稳步增长。2011 年，农民人均纯收入 5207 元，同比增长 15%。

抓住龙头，促进工业生产快速增长。从 2011 年 10 月开始，汕尾红海湾发电厂3、4号机组全面投入生产后，全区工业总产值全年呈由低向高的生产态势，全区规模以上工业总产值达到41.3亿元，同比增长30.9%。

树立形象，再创招商引资良好势头。2010年，亚运会帆船比赛在红海湾成功举行，社会秩序良好，获得了外界对红海湾的众多好评。吸引了很多客商到红海湾投资，香港关爱集团、香港华润集团、广东烨龙集团、中国五矿集团、东莞海联公司等一批企业到红海湾落户，签订一批项目。

加大力度，确保重点项目顺利进展。加大重点项目跟踪落实的力度，确保重点项目建设顺利开展。沿海防护林项目完成投资1480万元，已竣工；污水处理厂项目已累计完成投资6800万元。汕尾红海湾发电厂3、4号机组完成投资8.9亿元，累计完成投资47.35亿元，10月开始正式投产。

想方设法，促进财政收入稳步增长。据统计，2011年财政一般性预算收入达6480万元，同比增长30.9%，全区金融形势稳定，1—12月全区金融机构各项存款余额4.86亿元，比年初增长13.14%，其中居民金融机构存款余额4.16亿元，比年初增长14.98%，金融机构各项贷款余额0.94亿元，比年初增长6.47%。

乘势而上，保持旅游业发展良好势头。成功举办了亚洲帆板锦标赛和亚运会帆船比赛。两项赛事的成功举办，促进了旅游业的发展，旅游环境进一步得到改善，旅游基础设施得到加强。旅游发展势头良好，旅游业发展推动了区内交通、商贸、流通行业的快速发展。

二、实施"民心工程"推动社会事业进一步发展

红海湾区高度重视民生问题，采取切实有效的措施，实施"民心工程"，使涉及人民群众切身利益的问题得到较好的解决，

社会事业进一步发展。

加大教育创强力度，教育工作成效显著。义务教育得到巩固提高，学生巩固率、及格率、升学率都得到提高。普及高中阶段教育快速推进，高中毛入学率稳步增长。办学条件明显改善，教育教学质量稳步提高。

社会保险覆盖面不断扩大。2010 年全区参加养老保险人数 3351 人，参加医疗保险 2428 人，参加失业保险 2501 人，参加工伤保险 2713 人。保证了全区 285 名离退休人员养老金等各项社保待遇按时足额发放。新农合参合人数达 88748 人，继续保持参合率达 100%，覆盖率 100%。

全区社会救助体系不断完善，低保救助实现提标进位，提高"五保"供养标准，全年投入低保资金 492.2 万元，受益低保户1912 户 4071 人。扶贫"双到"工作取得明显阶段性成效。

人口计生工作取得新成绩，人口出生率、自然增长率稳步下降，2011 年分别是 9.77‰和 5.35‰，计划生育率达到 97.8%。

文化、体育事业加快发展。卫生工作稳步推进。重大传染病和突发公共卫生事件得到有效防控。新型城乡医疗卫生服务体系进一步完善。

环保工作得到加强。精神文明建设扎实开展。社会文明程度不断提高。统计、审计、国土、人事、人防、打私、物价、司法、民族宗教、外事侨务、妇女儿童、工会、共青团等工作取得新成绩。

三、依法治区保持社会秩序和谐稳定

坚持"维稳第一责任"，强化依法治区，保持社会秩序和谐稳定。

（一）加强社会治安综合治理，加快治安防控体系建设

通过严厉打击各种刑事犯罪活动，长期深入开展打击"双抢一盗"等的专项斗争，防范和打击境内外敌对势力和邪教组织的渗透破坏活动，切实加强防控走私贩私、吸毒贩毒、黑恶势力等违法犯罪活动，多年来各类刑事案件破案率逐步提高，长期开展对"六合彩"赌博活动的排查、布控，加大打击力度，捣毁赌博窝点，进一步维护了全区社会稳定，营造了和谐安宁的社会环境。

（二）加强安全生产工作的监管

全面落实安全生产"一岗双责"工作制度，集中开展隐患排查治理专项行动，深化安全生产专项整治，保持稳定的安全生产态势，营造良好的安全生产环境。

（三）进一步健全基层综治信访平台建设

全区3个综治信访维稳中心和28个综治信访维稳工作站组建，所受理纠纷和信访案件调处化解率大大提高。

（四）坚持以人为本，做好接访活动

区领导班子成员长期轮值接访，当场为上访人答疑解难，对能即时解决的问题做到当场解决，对不能即时解决的问题，落实领导包案和相关单位责任，限期解决。通过一系列措施，及时稳妥地解决群众的热点难点问题，为全区经济社会发展提供了良好的环境和氛围。

四、加强廉政建设推进党的建设

为使经济社会发展，红海湾全面加强党的思想、组织、作风建设。继续加强各级领导班子建设和干部队伍建设。

（一）调整、充实领导班子成员，逐步优化各级班子结构，为加快发展提供组织保证。

（二）认真开展干部队伍的培训工作，提高了全体干部的法

律意识和依法行政、依法办事能力。通过全方位的培训、学习、教育活动，全区干部增强了责任意识，提高了工作能力，形成了人心思进、思发展的良好氛围，干部职工的凝聚力大大增强。

（三）扎实推进固本强基工程。圆满完成历届村（社区）两委选举，同时加强了农村基层干部的培训工作，提高基层干部的各项能力；深入有效地开展"双挂双联""双融双建""双考双评""创先争优"等活动，有力推动农村工作的有序开展。

（四）持续开展反腐倡廉工作。多年来，红海湾区切实加强党风廉政建设，认真厉行节约，坚决制止奢侈浪费，确保公务购车用车、会议、公务接待、党政机关人员出国（境）、办公等五项费用支出"零增长"，认真抓好党员干部廉洁自律，构筑反腐倡廉的新局面。

改革开放至党的十八大召开前夕，红海湾革命老区经济社会的发展是迅速的，在量和质两方面都较前大幅度提高。

7

第七章

砥砺奋进　跨越发展（2012—2016 年）

　　党的十八大以来，以习近平同志为核心的党中央带领全国人民高举中国特色社会主义伟大旗帜，统筹推进"五位一体"总体布局和协调推进"四个全面"的战略布局，牢固树立和贯彻落实新发展理念，适应把握经济发展新常态，坚持稳中求进的工作总基调。按照党中央、国务院的决策部署以及省、市的具体要求，红海湾区坚持以着力推进交通基础设施建设、产业园区建设、扩容提质为"三大抓手"，以着力推进脱贫、教育、医疗卫生为"三大攻坚"，着力推进政务环境、社会环境、城乡环境、旅游环境的"四大环境整治"，坚持稳中求进，确保社会和谐稳定，突出打造"钢的班子、铁的队伍"，上下勠力同心，迎难而上，开拓创新，奋力前行，经济社会发展取得重大成就。

稳中求进　经济综合实力再上新台阶

一、审时度势经济保持中速增长

启动编制红海湾区整体规划、文化旅游规划等多项规划，并按规划一步到位、分步实施，建设长短结合、量力而行的原则，确保经济中速增长。

2016年，红海湾区实现地区生产总值31.32亿元。其中：第一产业增加值5.35亿元，同比增长0.5%；第二产业增加值15.82亿元；第三产业增加值10.15亿元，同比增长11.4%。人均地区生产总值35325元。固定资产投资4.51亿元，同比增长34.3%。社会消费品零售总额5.44亿元，同比增长8.9%。外贸出口额1357万美元，同比增长78.9%。地方公共财政预算收入0.76亿元，同比增长1.9%。农村常住居民人均可支配收入8457元，同比增长2.2%。旅游带动逐步增强。遮浪旅游区投入8011万元，4A级旅游区通过省考核并正式授牌，炮台公园正式开放运营，全年接待游客190万人次，旅游总收入11.4亿元，同比分别增长8.1%和14%。经济重点项目投资加快。红海湾电厂超低排放改造项目投入2亿元；大中华投入1200万元；嘉华房地产投入1.6亿元，主体工程已封顶；深华房地产已动工建设。全年新培育"四上企业"10家，全区"四上企业"总数19家，是上年2倍多。

二、着力"三大抓手"继续推进基础设施建设

坚持以着力推进交通基础设施建设为抓手，科学编制、扎实实施。兴汕高速红海湾路段和市城区红海湾沿海观光路已列入汕尾市建设计划并启动了前期工作；田墘至外湖路后续工程竣工；田墘人民路已开工；遮浪港按国家、省现代二级标准重新设计，等等。这些项目的如期完成，有效地发展了生产力，为红海湾跨越发展打下了良好基础。坚持以产业园区建设、扩容提质为抓手，以着力推进脱贫、教育、医疗卫生为"三大攻坚"，着力推进政务环境、社会环境、城乡环境、旅游环境的四大环境整治，坚持稳中求进，确保社会和谐稳定，突出打造"钢的班子、铁的队伍"，促进经济社会全面进步。

第二节 深化改革 转型升级步伐加快

一、突出供给侧结构性改革

坚持改革开放，以突出供给侧结构性为重点，加强指导，加大支持力度，新培育"四上企业"10 家，使全区"四上企业"达到 19 家。

积极主动参与省、市组织的招商引资活动。成立招商服务中心，围绕"一园一区"产业定位，制订项目准入门槛及优惠政策，以市场化思维进行招商，吸引超过 50 批次企业客商前来考察洽谈投资业务。一些项目完成了前期工作。经常深入开展"暖企"活动，为企业排忧解难。2016 年，共签订投资协议 3 宗，计划投资 33.4 亿元。

二、突出优势发展第三产业

发展旅游事业是红海湾经济增长的驱动力。采取措施，加强红海湾旅游园区的基础设施的完善，从 2013 年开始，启动编制开发区整体规划、文化旅游规划等多项规划，并按"规划一步到位、分步实施，建设长短结合、量力而行"的原则，有效地推进旅游园区的建设。通过举办多项主题鲜明、形式多样的旅游产业研讨会、旅游推介会、沙滩音乐节等，进一步优化旅游环境，塑造旅游区形象，树立"中国观浪第一湾"品牌，旅游经济强劲进发，逐年发展。2014 年，旅游园区有 22 个项目动工建设，累计投资 1.71 亿元，其中 14 个项目当年完成，为国家 4A 级景区的申报认定提供了条件。2015 年，完成了园区建设 18 个项目，新增店面商铺近 40 家，新建酒楼餐厅、宾馆和家庭旅馆一批，投资近 1 亿元。2016 年，国家 4A 级景区通过省的考核并正式授牌。全年接待游客 190 万人次，旅游总收入超 11 亿元，扩大直接就业的人数3430 人。

第三节 人民获得感、幸福感进一步增强

一、落实"民心工程"提高民生保障水平

落实责任制和追责问责，从人民群众的衣、食、住、行诸方面着眼，把"十项民心工程"，逐条逐项抓落实。

民生保障水平继续提高。2016 年，全区投入民生领域的资金3.16 亿元。"十件民生实事"基本完成。城乡低保、农村五保、医疗救助、基础养老金、残疾人保障、孤儿保障等 6 项底线保障水平全部达到省级标准。

红海湾区地处沿海，洪、潮、风三灾长期给红海湾人民带来灾难。自中华人民共和国成立以来，虽然进行了多次建设高潮，但还存在许多短板。红海湾设区以来，区党工委、管委会从执政为民高度，把抗防洪（潮）工程建设作为重点项目，常抓不懈。从 1998 年起，组织、开展了专题研讨。在形成共识的基础上，于2006 年 9 月开始，按国家和省的"50 年一遇防潮标准"，启动了红海湾区防洪（潮）整体工程。工作主要包含建设堤防总长17.3千米，排洪挡闸 5 座，排灌渠 7 条，总长 19.1 千米，排涝渠 2条，长 5.36 千米，以及其他配套工程设施，总投资额为 9110.07万元。整体工程的各项建设任务稳步推进，陆续完成，得到广大民众的称赞。

二、畅通信访渠道建设平安社区

落实随时接访、主动约访、带案下访、上门回访的"四访"制度。建立三级综治工作网络，抓好群防群治队伍建设，进一步发挥基层综治组织的力量，开展严打整治斗争，提高"社会平安指数"，群众安居乐业，幸福地生活。

第四节 "两大会战" 成果进一步巩固发展

广东省"两大会战"启动，尤其在陆河现场会议以来，红海湾区群策群力，常抓不懈，会战成果进一步巩固提高。

一、"四通""四个一"的质量逐步提升

"两大会战"的主要内容是村级通机动车和解决贫困户半亩"保命田"。

"四通"是实现全区村级通机动车、通邮、通电话、通广播电视。

"四个一"就是区内贫困户人均半亩"保命田"、每户输出一个劳动力、每户挂上一家农业龙头企业、每户掌握一门致富技术。

经过努力，于2000年红海湾区已基本实现了目标，但全区干部没有就此停步，而是再接再厉，继续推进，质量进一步提高。原有公路基本上铺成水泥路，通邮便捷，85%以上的家庭装上了电话，90%以上的家庭装上了电视机。"四个一"的任务基本达标。

二、扶贫工作跃上新台阶

（一）加强政府引导监督

全力打好精准脱贫攻坚战。围绕"脱真贫、真脱贫"目标，按照"聚焦再聚焦、精准再精准"要求，扶贫"双到"工作扎实

推进，人盯人、人盯户帮扶联系机制得以落实，确保帮扶更加精准有效。2016年，派出区直机关单位挂驻村、社区，选派优秀骨干83名，组成25个扶贫工作队，到有关村、社区开展精准扶贫工作。

（二）发挥贫困者自强能力

采取实施项目、资金、技术等措施。把扶贫和扶志、扶智结合起来，打好产业、就业、物业帮扶及民生兜底政策组合拳，激发贫困人口内生动力，推进精准扶贫、精准脱贫各项政策措施落地生根，确保相对贫困人口全面脱贫。

加强动态管理，把新致贫和返贫人口及时纳入帮扶对象。按照"一村一品"要求，因地制宜引导贫困村发展特色产业，加大农业旅游、金融、光伏、电商等扶贫开发力度，带动贫困户增收脱贫。加强贫困人口就业培训，鼓励各类企业吸纳贫困劳动力，公益性岗位优先安排贫困人口。落实贫困人口教育、医疗、住房"三保障"政策，推动兜底保障政策落地见效。2016年已完成农村危房改造85户，完成1897名贫困人口脱贫。新增城镇就业1917人，转移农村劳动力622人，城镇登记失业率控制在2.37%以内。

在"两大会战"的过程中，广大关心、支持家乡经济社会发展的海外侨胞和港澳台胞，出谋献策、出资出力，作出了积极的贡献。

协调发展　社会事业大进步

一、"创强""创均"教育事业变化巨大

坚持以办"人民满意的教育"为目标，以教育"创强""创均"为主要抓手，加强党政对教育的领导，加大教育投入，教育事业有了巨大变化。义务教育标准化学校达到 100%，公办中小学课室实现多媒体电教平台全覆盖。完成了教育"创强"的评估验收后，又通过了国家级"创均"的督导验收。

转移农村劳动力培训力度加强，数量可观；高校毕业生就业率保持在 96% 以上；"双困"毕业生就业率达到 100%；社会保障政策全面落实，低保、"五保"供养基本实现应保尽保；社会援助体系不断完善。

医疗卫生事业加快发展，医院基础建设和设施设备进一步加强，医疗环境进一步改善。城乡居民基本医保参保率和大病保险覆盖率均达到 100%。开展了孕前优生健康检查、妇女"两癌"检查、地贫筛查、老年人健康体检等多项免费检查，整体医疗服务保障能力得到提升。

二、基本公共服务均等化程度进一步提高

公共文化服务体系不断健全。2013 年全区建设了村头公园 31 个，至 2016 年，村头公园（体育健身场）基本实现全覆盖；公

共厕所无害化工程逐步推进；广东省流动图书馆建成挂牌运行；2015 年始，全区公共文化设施免费向群众开放。

区文化馆的建设继续推进，全区公共设施免费向民众开放，实现了行政村农家书屋全覆盖，全面完成广播电视"村村通"，区、街道、村三级公共文体设施网络初步形成。启动自然村落历史人文普查工作，对外文化交流合作不断加强，成功举办了第二届国际冲浪邀请赛、第二届全国帆船帆板赛等较大型的赛事。

第六节 持续发展 优化生态环境

一、加强环境保护教育

确立绿色发展理念。经常采取"请进来，走出去"相结合、集中学与分散学相结合的方法，通过举办专题讲座，请专家上环境专题和法制课，走出去参观学习，到现场办公等，逐步提高环境保护意识，深刻理解"绿水青山就是金山银山"的道理，落实行动保护生态环境。

二、持续开展城乡环境整治

全面推进绿化、美化、亮化工程，城乡面貌大为改观。依法依规查处违章建筑、占地经营行为；继续实施卫生"网络化"管理，落实"门前三包"等制度。加大生态保护力度，建设防护林近万亩，建设碳汇林近2000亩，进行森林抚育1万亩，投入2500万元，强力推进田寮湖生态环境修复整治工程。全区森林覆盖率达45%左右。各项减排指标均低于上级下达的任务指标，空气质量保持较高水平。

三、依法管理确保公共安全

采取强有力措施，对违法违规的建设或经营项目，依照法规加以处置。2016年，查处违法建筑81宗，拆除违章搭建194处，清理占道经营 450 起；强化公共安全管理，生产安全、食品药品安全、质量监督等均取得显著成效，实现生产经营性安全和食品药品零事故的目标。

第七节 基层党组织建设进一步加强

一、明确目标建设"钢的班子、铁的队伍"

坚持"党的建设永远在路上"的观点，以建设"钢的班子、铁的队伍"为基本目标，扎实开展党的群众路线教育实践活动，围绕"为民、务实、清廉"主题，严格整治"四风"。深入开展政务整治、正风肃纪行动。2016 年查处"为官不为"的问题和案件 9 件。

深入开展"三严三实"专题教育，整顿软弱涣散的村（社区）党组织 5 个。建立旅游"人才驿站"，基层党组织更加坚强。

二、严格执行八项规定

严格执行八项规定等廉洁自律各项规定，厉行节约，制止奢侈浪费，确保公务购车用车、会议、公务接待、党政机关人员出国（境）、办公等五项费用支出"零增长"。

党的十八大以来，红海湾经济社会发展走过了不平凡的进程，取得显著成绩，为之后的发展打下了较为坚实的基础。

第八章

乘势而上 高质发展（2017 年以来）

党的十九大确立了"不忘初心，牢记使命，高举中国特色社会主义伟大旗帜，决胜全面建成小康社会，夺取新时代中国特色社会主义伟大胜利，为实现中华民族伟大复兴的中国梦不懈奋斗"的主题。以习近平同志为核心的党中央把革命老区摆在了更加突出的重要位置，明确提出实施区域协调发展战略，加大力度支持革命老区加快发展。2018 年 8 月，广东省人民政府"原则同意《海陆丰革命老区振兴发展规划》"。这为红海湾革命老区的振兴发展提供了难得的战略机遇。红海湾人民坚持把学习宣传贯彻党的十九大精神作为首要政治任务来抓，把工作的立足点和出发点落实到兑现习近平总书记 2009 年 9 月 16—17 日在河南考察时的重要讲话"加快老区发展，使老区人民共享改革发展成果，是我们永远不能忘记的历史责任，是我们党的庄严承诺"上来，砥砺奋进，努力实现红海湾高质量发展。

学好理论　提高政治站位

　　贯彻落实党的十九大精神，是红海湾决胜全面建成小康社会、实现振兴发展的关键。中共汕尾市委、汕尾市人民政府着眼全市发展大局，提出统筹推进中心城区扩容提质，启动新一轮城市总体规划编制，推动中心城区"东拓、西延、北扩、中优"，推动红海湾与中心城区一体化发展的战略部署，极大增强了红海湾地域区位优势，对红海湾的发展产生巨大的辐射带动作用。以习近平新时代中国特色社会主义思想为指引，以新发展理念为引领，实现跨越式、高水平、高质量发展。善于发挥优势，抢抓机遇，更要勇于直面问题，应对挑战，充分认识到发展才是硬道理，坚决不走盲目发展的弯路老路。要聚焦发展存在的瓶颈问题，深入开展"大学习、深调研、真落实"活动，把区情研究深、思考透，看清楚、想明白，全面梳理、调整完善工作目标任务和思路举措，促进红海湾革命老区建设跃上新台阶。

　　组织开展好"不忘初心，牢记使命"主题教育。坚持把学习贯彻党的十九大精神和习近平新时代中国特色社会主义思想作为主题主线，教育广大党员干部用党的创新理论武装头脑、指导实践、推动工作。把开展主题教育与推动工作落实紧密结合起来，坚持以学促干、以干促学，力戒形式主义，以好的作风确保好的效果。用党的光荣历史和革命传统涵养党性，结合纪念改革开放四十周年，弘扬"红船精神"和海陆丰革命精神，打造更多革命传统教育基地，进一步强化党员干部的党性锻炼和社会主义核心价值观教育，讲好红色故事，引导广大党员干部群众从光荣革命历史中汲取前进的力量，坚定拥护党、跟党走的信心和决心，凝聚起攻坚克难、加快发展的强大精神动力。

坚持"一把手带头"，充分发挥领导干部带头示范作用。各级领导干部把学习贯彻党的十九大精神作为政治必修课，带头学、带头讲、带头抓落实，以上率下、以身作则，树起标杆、当好表率，带动全区各级党组织和广大党员干部旗帜鲜明讲政治，牢固树立"四个意识"，坚定"四个自信"，坚定忠诚核心、拥戴核心、维护核心、捍卫核心，坚决维护以习近平同志为核心的党中央权威和集中统一领导，始终同中央和省委、市委保持步调一致，确保中央、省委、市委各项政令在红海湾区得到不折不扣的贯彻落实。要带头开展"大学习、深调研、真落实"活动，坚持知行合一、道在力行，紧紧围绕决胜全面建成小康社会这一主题，主动把握经济发展的重点，破解改革攻坚的难点，解决民生维稳的热点。特别是要按照市委七届四次、五次全会的部署要求，聚焦解决发展不平衡不充分问题、实施乡村振兴战略、全面从严治党等八个方面课题，着力解决事关本地区本部门改革发展稳定全局的重大问题。

践行"一线工作法"，有力推动学习贯彻工作向基层延伸。学习宣传贯彻党的十九大精神，层层深入、落到基层、全面覆盖。面向基层党员群众，以灵活多样、喜闻乐见的形式，用基层党员群众听得懂、记得住的语言，在田间地头、工厂车间、校园课堂、社区广场等第一线开展内容丰富、生动鲜活的宣传宣讲活动，把党的十九大精神带到寻常百姓家，深入人心，进一步激发广大干部群众创造美好生活的热情和干劲。全区各级党员干部深入基层一线指导，结合推动"两学一做"学习教育常态化、制度化，覆盖每一个基层党组织和党员，促进基层党员干部进一步坚定理想信念，强化宗旨意识、责任意识、担当意识，实现党员身份回归本位、形象回归本色、作风回归本分。

第
二
节

以改革促发展　以发展促改革

党的十九大明确提出，全面深化改革的总目标是完善和发展中国特色社会主义制度、推进国家治理体系和治理能力现代化。红海湾区认真贯彻中央改革决策部署，针对发展中的突出矛盾和问题，找突破、要效益，解放发展生产力，不断促进社会公平。

一、准确定位发展全域旅游

坚定不移贯彻"创新、协调、绿色、开放、共享"的发展理念，坚持质量第一、效益优先，以供给侧结构性改革为主线，推动旅游发展提质增效和转型升级，把红海湾旅游业打造成为战略性支柱产业和综合性幸福产业。明确发展旅游经济是红海湾经济发展的重点，全面研究策划旅游项目、旅游品牌，一方面与规模不断扩大的游客群体相适应，另一方面与旅游产品和服务的不断精细化、专业化要求相匹配，提升红海湾旅游品牌的品位和旅游服务的质量，实现由高速增长向高质量增长转变，着力推动旅游优质发展，打造更加安全的旅游、更加文明的旅游、更加便利的旅游、更加快乐的旅游。坚持绿色低碳发展，旅游资源开发与保护并重，保护好海洋生态和绿水青山。加快推进"滨海运动特色小镇"和"互联网＋旅游"小镇创建工作。继续加大旅游景区建设力度，完善基础设施配套，推进遮浪奇观国家4A级景区提升改造、施公寮澳海滩规范管理，做好东洲生态园开园准备，加快开发祖禧庙、石鼓山景区和金屿岛，尽快完成红色史料、革命遗址普查工作，深入挖掘红色旅游元素，打造田墘红楼、黄旭华事迹展览馆等爱国主义教育基地，打造红色旅游品牌，将"妈祖文化"与地方海洋、红色旅游文化结合起来，打造田寮、东尾等乡村旅游点，规范并逐步推出一批民俗旅游点，完善全区旅游景点厕所等配套设施。依托区域优势，擦亮特色滨海旅游名片，加大旅游招商力度，促进发展旅游新业态，在传统的滨海观光、浴场游泳、海鲜饮食等常规产品的基础上，推出"旅游+体育""旅游+养生""旅游+农业""旅游+文化""旅游+教育""旅游+摄影""旅游+婚庆""旅游+公益"等业态，形成全域旅游发展新格局，优化空间新布局，形成新的产业集聚，进一步提升宜居宜业宜游水平，做大做强旅游产业，解决好人民群众的就业问题和提高经济收入，不断提高人民群众的生活质量。

二、深化政务改革加快政府职能转变

建设法治政府、高效政府、廉洁政府，全面推进阳光政务建设，强化服务意识，增强群众观念和群众感情，弘扬"马上就办、真抓实干、办就办好、滴水石穿"的精神，全面推行服务承诺、限时办结，提高行动力执行力，建设人民满意的服务型政府。扎实推进新一轮机构改革工作，不折不扣贯彻落实汕尾市委、市政府关于红海湾机构改革的意见。继续深化行政管理体制改革、事业单位分类改革。稳妥推进财政事权和支出责任划分改革，全面实施绩效管理。用好用活海陆丰革命老区扶持政策、省产业共建普惠性和叠加性政策奖补措施，深入推进"三去一降一补"，进一步优化土地使用、招商引资、人才引进、技术创新等优惠政策。持续推进"放管服"改革，加快公共服务平台建设，深化"一门式一网式"政务服务模式改革，推广"互联网+商事登记"

服务。深化商事制度改革，统筹推进"多证合一"和"证照分离"。大力提升企业服务水平，提高涉企事项审批服务效率，帮助企业解决融资难、招工难问题。激励和保护企业家精神，加快市场主体发展，引导加快做大做强，培育"四上企业"。

统筹推进中央、省、市部署安排的各项工作任务，注重解决民生突出问题，办好省、市民生实事和红海湾"十件民生实事"，取得良好效益。

科学编制规划　有序组织实施

一、科学制定规划

为了使红海湾革命老区健康持续高质量发展，根据省、市的有关部署，红海湾区党工委、管委会聘请了著名专家学者，经过充分论证，重新编制了《红海湾经济开发区发展规划》（亦称《红海湾经济开发区革命老区振兴规划》），并于 2017 年开始分步实施。

二、有序推进实施

（一）整合、优化、利用资源

1. 进一步整合、优化、用好红色资源

弘扬红色文化，传承红色基因，讲好红色故事。自 2017 年 10 月开始，红海湾区紧跟中共汕尾市委部署，区、街道两级成立"红色史料革命遗址普查办公室"，以人力、智力、物力和财力作保障，聘请专家学者担纲，组织以区"两办"、区老促会、教育、各街道等部门得力的普查人员，认真策划，坚持原则，实事求是开展普查工作。经过努力，搜集了一大批宝贵的红色史料，核准了数十处革命遗址。经上报获省审核认定的 33 处，连同先前获批的两处共 35 处。

红色史料和革命遗址核定以后，各级党委、政府进一步采取措施加以保护、利用、开发。红海湾区宣传、教育、老促会、关工委等部门和社会团体采用办展览、开讲座、举办故事会、演唱革命歌谣等形式，开展"传承红色基因，弘扬红色文化""用好红色资源，建设美好家乡"活动，取得显著效果。

遮浪街道东尾村，是广东省红色村庄，又是贫困村，同时又是社会主义新农村建设示范点。近几年来，村两委在上级党委、政府和有关部门的领导和指导下，抢抓机遇，迎难而上，把精准扶贫脱贫、红色村庄的打造、社会主义新农村建设三者有机结合起来，整体规划，有序实施。精准扶贫脱贫工作进展顺利，完成了上级下达的任务。在乡村建设方面，坚持硬件建设和软件配套同时进行，取得了较好的成绩。道路交通、村内巷道硬底化建设、污水处理、村卫生所建设、村务服务中心建设、村容村貌改造美化；革命遗址修复、革命斗争场景重现、红色展览馆主体工程建设；文化驿站建设、村头公园和体育休闲场地建设等项目，有的已经完成，有的正在按时优质建设之中。高度重视丰富红色村庄和社会主义新农村的内涵，认真挖掘、搜集、整理大批革命红色史料，充实场、馆档案资料；开展红色文化进校园活动，举办欢庆首届中国农民丰收节书画摄影作品展和文艺晚会等活动。同时，热情接待前来参观考察或学习交流的各级领导、专家学者、教师学生、游客外宾，发挥了"红色文化传承基地""社会主义核心价值观教育基地"和"美丽乡村旅游胜地"的功能。

目前，红海湾区党工委、管委会已着手编制《东尾村红色旅游综合体规划》，争取早日实施，发挥效益。

2. 进一步整合、优化、用好旅游资源

整合优化各种旅游资源，开拓第三产业新天地。

（1）整合优化红色旅游资源。继续打造美丽红海湾标志石、田墘红楼、红色村庄东尾村、合作军纪念陵园、护送红军将士渡海处、护送程子华和红四师将士渡海处、红军洞、池兜村农会旧址、"大生曾"祠堂等35处革命遗址。

（2）整合优化滨海旅游资源。继续打造红海湾日出、观海第一浪、灯塔岛、神秘岛、龟龄岛、风车岛等景点。

（3）整合优化历史文化资源。继续打造好炮台公园、祖禧庙、内寮庵、遮浪南海寺、遮浪宫前天后宫、田寮天后宫、上墩天太后宫、小澳妈祖宫、唐公墓、田墘炮台、北山古井等。

（4）整合优化青山绿水田园绿色资源。继续打造大德岭生态园、田墘红树林生态园等。

3. 进一步整合、优化、用好海洋资源

红海湾地处南海之滨，海岸线72千米，海域面积宽，渔场优良。沿海有较多海湖、海湾和岛屿、滩涂，海湖有白沙湖、田寮湖；海港有遮浪港、小澳港、湖东港、施公寮珠兰港、湖内海埔圩澳和池兜澳等。海湾有红海湾、后江湾、碣石湾、白沙湖湾、施公寮湾等。

4. 充分利用政策资源

2012年8月，广东省滨海旅游产业竞争性扶持资金评审会召开，红海湾最终得到广东省3亿元的扶持资金，并得到一些优惠政策。

（二）抓好土地收储，夯实振兴发展基础

土地是经济社会发展的最大资本，是项目落地建设的前提和保障。丰富的土地资源和优美的生态环境是红海湾吸引大客商、大项目最大的竞争优势。

全区上下抓住机遇、统一思想，把土地收储作为当前一切工作的重中之重来抓。突破束缚红海湾发展的瓶颈，为新一轮建设发展提供强有力支撑。

解决征地留成地、补偿款以及其他涉及的历史遗留问题，办好民生实事，确保实现零投诉零上访。与实现乡村振兴发展结合起来，节约集约用地，提高土地利用效益，引导农村留成地统一规划、统一开发、统一招商，引入市场机制进行利益分配，把留成地作为断穷根、实现可持续发展的重大工作来抓，绝不能分光用光花光，坚决防止"坐吃山空"。

大力推进市政交通等基础设施建设。配合推进兴汕高速红海湾段、广东滨海公路有关工作，推进红海湾大道、X141县道、田墘人民路、白沙路改造工程等，优化区内公路网建设；全面启动海上交通运输体系和游艇旅游路线建设；加快国家级海洋公园、遮浪渔港、污水管网续建、燃气管网、供水提升工程等基础设施建设。做好市、区重点项目推进工作，落实一项目一领导，一项目一工作清单，一月一督查等"三个一"工作机制，确保项目尽快产生效益。

第四节 打好精准扶贫脱贫攻坚战

一、明确目标

红海湾区精准扶贫脱贫的总目标是"三年攻坚、两年巩固，到 2020 年如期完成脱贫攻坚任务"。

围绕这一目标，红海湾区精心组织，统筹实施，扎实推进精准扶贫精准脱贫工作。

红海湾区下辖田墘、东洲、遮浪三个街道 28 个村委会。全区共有 22262 户 111565 人，经精准识别、建档立卡的相对贫困户 1336 户、相对贫困人口 3092 人（按劳动力分为：有劳动能力贫困户 540 户 1980 人、无劳动能力贫困户 796 户 1112 人。按农户属性分为：一般贫困户 175 户 682 人、低保贫困户 872 户 2097 人、五保贫困户 289 户 313 人），贫困发生率 2.77%。其中被省核定的相对贫困村 3 个，即田墘街道外湖村、东洲街道东二村和遮浪街道东尾村，共有相对贫困户 197 户，相对贫困人口 597 人。3 个相对贫困村分别由深圳市委宣传部、深圳市委统战部、深圳光明新区新湖街道办事处对口帮扶。其余 25 个非贫困村共有相对贫困户 1139 户，分散相对贫困人口 2495 人由区 32 个单位组成 25 个工作队进行对口帮扶。

二、落实责任

红海湾区高度重视新时期精准扶贫精准脱贫攻坚工作，积极主动承担脱贫攻坚主体责任，多次召开脱贫攻坚专题会议，定期专门研究精准扶贫工作，制定总体脱贫攻坚方案、目标任务、资金安排、项目落实、资金使用、督导推进等一系列扶贫政策文件，稳步推进脱贫攻坚工作进展。区党工委、管委会主要领导经常下街道，进村入户，访贫问苦，实地检查指导扶贫开发工作。落实区负总责、街道和村具体执行的脱贫攻坚多层次工作责任制，逐级签订脱贫攻坚责任书，形成了区、街道、村"三级书记"主抓扶贫的良好格局。调整加强了扶贫开发领导小组成员及帮扶单位驻村干部力量，精心组织脱贫攻坚。印发《红海湾开发区精准扶贫精准脱贫实施意见（2015—2018）》《红海湾开发区打赢脱贫攻坚战实施意见（2018—2020）》《红海湾开发区分散贫困人口工作方案》《红海湾开发区精准扶贫财政资金使用管理办法》《红海湾开发区精准扶贫财政资金具体使用方案》《扶贫小额信贷实施方案》《产业扶贫"以奖代补"实施方案》《就业扶贫"以奖代补"实施方案》等一系列政策文件，为脱贫攻坚提供坚实的政策保障。定期组织召开扶贫开发领导小组会议、精准扶贫工作推进会、行业部门联席会议、业务培训等，累计召开会议、培训12期920人次。

红海湾区老促会主动积极参与精准扶贫脱贫工作，与区有关部门和各街道专门研究编制了《红海湾经济开发区革命老区振兴规划》，在做好精准扶贫和建设社会主义新农村示范村的工作上，发挥了积极的作用。

三、政策保障

强化行业政策帮扶措施，将落实贫困户"三保障"等民生政策作为脱贫攻坚工作重点内容来抓，确保精准扶贫政策全面覆盖。

（一）教育保障。全区贫困户子女就读小学、初中、高中、中职（含技校）、专科总人数 615 人，2016 年秋季至 2017 年春季红海湾区落实教育生活补助 449 人 135.1 万元、落实免除学杂费 89 人 22.6 万元；2017 年秋季至 2018 年春季落实教育生活补助 414 人 124.2 万元、落实免除学杂费 14 人 3.5 万元。确保教育生活补助政策 100% 落实。2018—2019 学年度，全区贫困户子女就读义务教育、高中、中职（含技校）、大学的共 639 人，均足额发放生活补助。

（二）危房改造保障。全区建档立卡贫困户纳入 2016 年度住房安全任务有 50 户，其中动工 50 户、竣工 50 户，竣工率 100%，经验收合格，100% 发放了危房改造补助资金；纳入 2017 年度危房改造任务 65 户，其中动工 65 户、竣工 65 户，竣工率 100%，经验收合格，100% 发放了危房改造补助资金。2018—2019 年度列入改造任务的 58 户，均按政策于 2019 年冬全部竣工。危房改造政策的落实，确保贫困户住房安全。

（三）基本医疗保障。一是 100% 落实基本医疗政策。2016 年末全区有建档立卡贫困人口 3302 名，100% 参加 2017 年度城乡居民基本医疗保险；2018 年末有建档立卡贫困人口 3206 名，100% 参加 2018 年度城乡居民基本医疗保险，2019 年，全区建档立卡贫困人口 2891 名全部参加城乡居民基本医疗保险；对动态管理的新识别户、自然增加贫困人口等及时落实当年度基本医疗保险缴费问题，对动态管理的自然减少贫困户人口及时停止当年度基本医疗保险政策享受。二是 100% 落实大病救助政策。全区落实特困人员"大病补助"资金 245 万元。同时，患重特大疾病贫困户 100% 落实大病救助政策，医疗费 637.7189 万元，合规报销 448.2769 万元，报销比例达 70.29%。

（四）养老保险保障。一是 100% 落实建档立卡 60 周岁以上贫困人口养老金发放政策；二是 100% 落实建档立卡 16～59 周岁养老保险缴费问题。2017 年度全区精准扶贫建档立卡贫困人口 16～59 周岁符合参加城乡居民养老保险的人员共有 1312 名，由区管委会代缴 15.744 万元；2018 年度全区精准扶贫建档立卡贫困人口 16～59 周岁符合参加城乡居民养老保险的人员共有 1311 名，由区管委会代缴 15.732 万元。

（五）低保五保兜底保障。2018 年全区符合低保条件贫困户应纳入最低生活保障 1170 人，对符合低保条件贫困户实际纳入人数 1170 人（纳入低保 820 人、五保 239 人、孤儿 55 人、重度残疾 6 人、政府兜底 50 人），完成比例 100%。2019 年，全区无劳动能力贫困人口符合低保条件纳入最低生活保障的 1111 人，已全部完成任务。

四、开展产业帮扶

全区立足滨海旅游产业园区规划，充分利用本地资源优势，印发了《关于印发〈红海湾开发区精准扶贫资金具体使用方案〉的通知》，促进贫困村、贫困户同步实现脱贫增收。同时，发挥扶贫开发资金集中投放效益，按照"街道统筹资金，投资实体、企业运营多方监管，收益返户"的总体思路，鼓励街道统筹扶贫开发资金投入红海湾滨海旅游产业园区，由街道统筹 2016 万元投资区国有公司的方式参与扶贫产业项目，每户每人统筹 1 万元，投资不参加具体经营，年限 5 年，资金年收益率为 8%，按各户统筹资金额发给贫困户，2017 年 10 月统筹总资金的 45%（即

907.2 万元）作为第一期资金拨付区国有公司；2018 年 8 月统筹总资金的 55%（即 1108.8 万元）作为第二期资金拨付区国有公司。投资回报作为贫困村、贫困户的收益，形成稳健良性的"造血"机制，着力构建持续稳定的贫困户经济长效增收机制。全区贫困户参与资产性收益项目人数 2034 人，占贫困人口总数比例 64.72%。2018 年，遮浪奇观景区管理有限公司已拨给各街道 2018 年 1 月至 2018 年 6 月贫困户入股分红投资半年收益金共计 80.64 万元（其中田墘街道 38.24 万元、遮浪街道 27.04 万元、东洲街道 15.36 万元），再由街道统发至有劳动能力的贫困户银行账号。

2019 年，贫困户入股分红收益金共 142.08 万元，入股的贫困户获得更好的收益。

与此同时，开通企业用工招聘会、设置公益性岗位等渠道，坚持以就业为导向，开展农民工职业培训、富余劳动力转移就业培训、农民适用技术培训等形式，扶助贫困人口就业创业，实现"培训一人，输出一人，脱贫一家"的目标。

2019 年，全区开展技能培训三期，共培训贫困对象 165 人，促使贫困劳动力稳定就业。至年底，稳定就业 6 个月以上的有 562 人。

五、实施党建扶贫

红海湾区印发了《抓党建促扶贫、抓党建促乡村振兴工作方案》，组织实施了"党员亮身份"行动，将乡村发展、贫困户脱贫责任落实至各个党支部和各个党员，让党员起先锋模范作用。同时，利用红海湾大讲堂、区党工委理论中心学习小组，多次组织学习习近平总书记关于精准扶贫工作的重要论述，乡村振兴、精准扶贫等一系列政策，强化支部书记政策水平和解决工作难题的能力。组织了人员赴浙江丽水、江西井冈山、梅州蕉岭等地学习乡村振兴经验，实地参观了当地新农村建设、美丽乡村建设等，借鉴先进经验，对标找差距，合力补短板，立足实际定措施。

六、资金严管提效

为加快资金使用进度，确保资金使用安全、规范。红海湾区印发了《关于印发〈汕尾红海湾经济开发区新时期精准扶贫开发资金使用监管办法〉的通知》《关于印发〈汕尾红海湾开发区新时期精准扶贫就业扶贫"以奖代补"实施方案〉的通知》《关于印发〈汕尾红海湾开发区新时期精准扶贫产业扶贫"以奖代补"实施方案〉的通知》《关于印发〈红海湾开发区精准扶贫资金具体使用方案〉的通知》等文件，多次召开新时期精准扶贫开发资金使用培训会，明确资金用途，立足脱贫增收，编制资金规划，细化使用范围，明确申报拨付流程，建立了扶贫资金申报、拨付进度定期通报机制。2016—2018年度，广东省、深圳市、汕尾市三级下达红海湾扶贫开发资金2808.3521万元，全区累计使用财政专项扶贫资金2583.00114万元，资金使用率达91.98%。其中180万元用于扶贫小额贷款贴息和担保金；280万元用于全区28个行政村扶贫微小型公益项目；47.52万元用于教育生活费补助；59.48114万元用于2016—2017年度产业扶贫、就业扶贫"以奖代补"；907.2万元用于各街道统筹投资区旅游投资公司发展旅游产业分红（第一期）；1108.8万元用于各街道统筹投资区旅游投资公司发展旅游产业分红（第二期）。同时，坚决贯彻关于扶贫领域监督执纪问责工作制度，扎实推进扶贫开发资金高效安全使用。

近年来，红海湾区圆满完成了省、市下达的扶贫开发工作目标和任务，通过了省、市的考核。

红海湾区精准扶贫、脱贫情况表

年度	核定			已脱贫			未脱贫		
	贫困村数	贫困户数	贫困人口数	贫困村数	贫困户数	贫困人口数	贫困村数	贫困户数	贫困人口数
2016	3	1446	3302	0	1078	1939	3	368	1363
2017	3	1389	3206	0	1255	2620	3	134	586
2018	3	1336	3092	0	1255	2620	3	81	472
2019	3	81	472	3	81	472	0	0	0

第五节

依法治区　创建"平安红海湾"

紧紧围绕改革发展稳定大局，加强社会治理制度建设，以"人民群众满意"为标准，落实创建"平安红海湾"各项措施，切实担负起保一方平安的政治责任，确保全区社会政治稳定，人民群众安居乐业，为红海湾区经济建设和各项事业快速健康发展创造良好的社会环境。

一、全力加强综治信访工作

按照中共汕尾市委七届五次全会提出的"把汕尾建设成为全省最平安最和谐最稳定的地区"的目标要求，构建"大侦查、大防控、大服务、大保障、大监督"工作格局，开展扫黑打恶专项斗争，坚持重拳惩恶，严厉打击黄赌毒、黑拐骗和制假售假等各类突出违法犯罪活动，建设法治红海湾、平安红海湾。保持禁毒力度不减，建立健全长效机制。构建立体化、信息化社会治安防控体系，有效推进社会治安整治。深入开展社会矛盾纠纷排查，落实领导包案，化解信访积案，加强对涉军、涉农、涉土、涉环保、涉劳资纠纷等不稳定因素进行排查化解，确保不发生重大群体性事件。加强安全和公共安全工作，健全应急管理体制，提高突发事件预防预警和应急处置能力。打好防范化解重大风险攻坚战，开展护航金融"利剑行动"，坚决打击非法集资活动，严守不发生系统性区域性金融风险底线。

二、加强安全生产和消防安全工作

深刻汲取海丰公平"12·9"火灾事故的教训，增强安全生产红线意识和风险管控意识，落实企业安全生产主体责任和行业监管责任，以更大力度消除各类安全隐患，堵塞各类安全漏洞。加强防灾减灾救灾体系建设，全面完成三防系统标准化建设。加强食品药品、重点工业产品、危爆物品、特种设备等安全监管，继续加大打击假冒伪劣产品力度。

三、讲求实效加强基层治理

大力培育自然村（村民小组）村民理事会，加强村（居）务公开"五化"和村务监督委员会"九有"建设，建立健全村（居）民民主议事制度，发挥村（社区）公共服务中心（站）作用，增强村"两委"干部素质和本领，全面提升基层自治能力和服务水平。完善一村（社区）一法律顾问制度，加强工厂法律顾问制度，继续开展法律进工厂、进村（社区）活动。培育规范各类社会组织，培育孵化一批青年组织，壮大志愿者等服务队伍力量。

第六节

真抓实干　促进社会事业全面发展

一、以"两创"为抓手提升城乡文明程度

进一步巩固提升创文创卫工作成果，不断加大工作力度，切实解决影响形象、制约发展的关键问题。继续推进精细化管理，提高城市管理水平，实施"网格化"管理，深入推进干线公路、大街小巷、集贸市场卫生环境综合整治，清理整顿占道经营、乱停乱放，全面清理违章户外广告。建立违建巡查管控常态化机制，确保全区违法建筑"零增量"。加大交通秩序整治力度，提升公共交通的多样性和运载能力，完善公共交通运营体系。加大力度整治景区秩序，打造诚信舒适文明的旅游环境；依法严厉打击违法乱搭乱建行为，推进城乡亮化绿化美化工作，打造干净整洁有序的城乡环境。加快街区景观灯光系统建设，加强建筑外立面管理，实施城乡家居改造，有序建设一批形象雕塑、文化小品，提升全域旅游区品位和颜值。要深入开展文明殡葬工作，加快公墓山骨灰楼选址建设，坚持以高压态势推行火化"一刀切"政策，强力整治乱埋乱葬现象，整治违规占用山地林地建坟、殡葬突发性事件等突出问题。

牢固树立绿色发展理念，加强大气、水体、土壤污染防治，完善污水处理设施配套管网，提升垃圾、污水等综合处理能力，全面推进河（库）长制，实施农村环境保护和土壤污染防治行动

计划，划定畜禽养殖禁养区，深入实施新一轮绿化大行动，严守林业生态红线，加强山体保护管理和开发利用，严厉打击非法采砂活动。严守海岸带生态保护红线，做好近岸海域污染防治，清理非法设置入海排污口，严格控制、规范管理滩涂，坚决逐步退出近海养殖。规划建设遮浪国家级海洋公园，加快推动蓝色海湾整治、生态保护修复。

在全区大力弘扬社会主义核心价值观，深入实施公民道德建设工程，推进社会公德、职业道德、家庭美德、个人品德建设。弘扬科学精神，普及科学知识，开展移风易俗、弘扬时代新风行动，抵制腐朽落后文化侵蚀。推进诚信建设和志愿服务制度化，强化社会责任意识、规则意识、奉献意识。

贯彻落实汕尾市委原书记石奇珠提出的"红海湾要争当创文工作示范区"的要求，结合发展旅游产业，着力提高广大干部群众的思想认识，将"创文"作为提升红海湾形象、提高人民文明素质的重要抓手，作为利在当代、功在千秋的惠民工程、民心工程，全力攻坚，常抓不懈，助力汕尾市成功创建广东省文明城市。

二、实施乡村振兴战略推进社会主义新农村建设

实施乡村振兴发展战略是新时代做好"三农"工作的遵循，也是决胜全面建成小康社会的关键。按照产业兴旺、生态宜居、乡风文明、治理有效、生活富裕的总要求，加快推进农村农业现代化。不断深化农村土地制度、集体产权制度改革，全力推进农村土地确权登记颁证扫尾工作，确保全面完成确权登记颁证任务，建立土地流转平台，促进农村土地统一规范有序流转。规范完善农村集体"三资"平台管理，全面实现区、街道、村（社区）三级互联互通。

发展农业新业态。围绕推进农业供给侧结构性改革主线，加

快培育旅游观光、农耕体验等休闲农业，大力培育龙头企业、农民专业合作社等新型农业经营主体，发展多种形式适度规模经营，加快农业科技创新，大力发展特色农业、休闲观光农业。加快发展现代渔业，全力推进遮浪渔港、水产品交易市场建设。培育海洋新兴产业，支持海洋生物医药研发、支持发展外深海远洋捕捞作业。挖掘本地特色渔业文化和民俗文化特色资源，创建一批最美渔村和精品休闲渔业示范基地。推进农村金融和农业保险改革创新。

加快新农村建设步伐。按照"八个一"要求，深入推进贫困村创建社会主义新农村示范村建设工作，全力推进3个省定贫困村美丽宜居乡村建设，确保所有省定贫困村自然村达到创建新农村示范村整治标准，推动贫困村实现"后队"变"前队"。同步推进党组织示范建设，突出党建"龙头"带动，加强农村基础设施建设，提升农村基本服务水平。

打造美丽宜居乡村。加快推进农村全域人居环境整治，科学编制实施村庄发展规划，规范和引导提升村庄建设，严格宅基地管理。抓好农村危破旧房清拆、垃圾污水处理、"四好农村路"建设、"厕所革命"、"空心村"改造等工作，推动农村基础设施建设。加强古村落、历史建筑、古驿道、红色资源修复保护与开发利用。加强农村党组织建设，充分调动村民积极性，发挥村民主体作用，健全自治、法治、德治相结合的乡村治理体系，不断夯实基层基础。

在实施乡村振兴战略、推进社会主义新农村建设过程中，采用树立典型，以点带面的工作方法。遮浪街道田寮村党支部、村委会，多年来高度重视社会主义文明建设，发动、依靠广大群众，乡贤林本方和外出热心企业家、红海湾区老促会名誉会长刘海涛，乡贤吴建雄、庄纳丽、李照教、江秀得等，献策捐资，群策群力，共同建设文明村庄。经过多年努力，村容村貌美丽别致，村风民风淳朴，文明程度不断提高，村庄处处显现着中国社会主义新农村时代气息，远近闻名。近年来，获得"全国综合减灾示范社区""广东省文明村""广东省先进基层党组织""广东省家庭文明建设示范点""广东省卫生村""广东省宜居示范村庄"等荣誉称号，2017 年被评为"全国文明村镇"。2011 年，遮浪街道四石柱村也被评为"广东省宜居示范村庄"。红海湾区党工委、管委会和遮浪街道党工委、办事处，抓住这个先进典型，采用多种形式，加以宣传推广，取得良好效果。

三、加快教育现代化建设步伐

坚持以"办老区人民满意的教育"为目标，优先发展教育事业，全力推进教育"创现"工作，确保顺利申报验收。推进深圳帮扶改建田墘新时代幼儿园项目，全面清理整治无证幼儿园。完善学生资助体系，强化德育教育工作，建立健全义务教育质量评价体系，努力让每个孩子都能享有公平而有质量的教育。实施高中教学质量提升工程，力争高考成绩实现新突破。突出抓好教师队伍建设，继续大力整顿师德师风，完善教师考评制度，建立教师激励机制，健全校长竞争上岗制度。推进中心小学以上学校百兆宽带全覆盖。

扩建中的白沙中学（刘文杏供图）

"办强校，创一流"的白沙中学扩建工程进展顺利，效果显著。为实现既定目标，不少校友倾心支持。校友方小聪，为母校兴建图书馆捐资 150 万元。

2018 年，红海湾区被评为"广东省教育现代化建设先进区"。

四、加快发展医疗卫生事业

加快卫生强区创建工作，提高公共卫生服务水平。深化医疗卫生体制改革，建立优质高效医疗卫生服务体系，推动优质医疗服务资源下沉。以区人民医院为核心单位，联合三所街道社区卫生服务中心组成区域内医疗联合体，推进与市人民医院主要采取托管、对口帮扶、技术支援等方式组成跨区域松散型联合体。优化医疗卫生资源配置，推行分级诊疗和基层首诊，力争区内住院率达到 90%。树立"大健康"理念，大力开展爱国卫生运动，做好重大疫病防控，开展出生缺陷综合防控、免费孕前优生健康检查，免费为农村妇女实施"两癌"检查。

红海湾区人民医院（陈海滨供图）

五、推动文体及其他事业进一步发展

发展做大做强文化产业，提升文化软实力。加强文物和文化遗产保护传承，精心筹办建区 25 周年系列活动、文化惠民活动周等大型文化活动。挖掘红色文化资源，推进红楼、烈士陵园等一批革命遗址的保护开发利用，打造更多革命传统教育基地。广泛开展群众性体育赛事活动，引进帆船帆板、冲浪等传统优势项目及人才，扶持一批特色体育项目，提高竞技体育水平。加快省帆船帆板（红海湾）基地升级改造，推进全民健身广场建设。

第七节 进一步夯实管党治党基础

一、始终把党的政治建设摆在首位

旗帜鲜明讲政治，坚决维护以习近平同志为核心的党中央权威和集中统一领导，坚定执行党的政治路线，严格遵守政治纪律和政治规矩，牢固树立"四个意识"，坚定"四个自信"，在政治立场、政治方向、政治原则、政治道路上同以习近平同志为核心的党中央保持高度一致。严格落实管党治党主体责任，党员领导干部要带头增强党的意识、党章意识，认真落实民主集中制。

二、牢牢把握意识形态工作领导权

意识形态工作关乎旗帜、关乎道路、关乎国家政治安全，一刻也不能放松和削弱。坚持党管意识形态不动摇，牢牢把握意识形态工作领导权、管理权、主动权。不断壮大主流舆论，筑牢中国特色社会主义共同理想，巩固全市干部群众团结奋斗的共同思想基础。培育和践行社会主义核心价值观，坚持正确舆论导向，提高新闻舆论传播力、引导力、影响力、公信力。严格落实意识形态工作责任制，持续推动网络安全建设，加强网络生态治理，加大网上正面宣传力度，旗帜鲜明反对和抵制各种错误观点，全方位筑牢意识形态"护城河"和"防火墙"。

三、着力加强干部队伍建设

建设一支素质较好、作用突出的党员、干部队伍。

坚持党管干部原则，坚持好干部标准，突出政治标准，按照"信念过硬、政治过硬、责任过硬、能力过硬、作风过硬"的要求，把好干部选出来、用出来、管出来、带出来，打造一支忠诚干净担当的干部队伍。努力打造"钢的班子、铁的队伍"，大抓干部能力建设，全面增强"八项本领"，注重在扶贫、维稳、创文、招商、征地拆迁、项目建设、环境保护等工作一线发现、培养、选拔干部，让有为者有位，有位者更有为。坚持严管和厚爱结合、激励和约束并重，建立健全干部考核评价机制和容错纠错机制，旗帜鲜明地为敢于担当、勤恳干事、不谋私利的干部撑腰鼓劲。加强干部日常监督管理，把干部成长发展全过程、工作生活各领域、思想行为各方面都置于严格管理监督之下。

四、狠抓基层党组织建设

建设一个覆盖全面功能健全的基层党组织体系。

大力实施"农村基层治理年"行动，把加强农村基层党组织建设作为贯穿基层治理的主线，以建设服务平台为载体，以网格化管理为抓手，一村一策搞整治，对症下药促提升，大力推动人往基层走、钱往基层投、政策往基层倾斜，健全基层治理体系，真正把基层党组织的主心骨作用发挥出来。基层出问题，首先倒查党建工作责任落实清单，失职失责必须严肃追究。进一步优化基层党组织设置，精准排查整顿软弱涣散基层党组织，深入实施"领头雁工程"，加强基层党组织带头人队伍建设。加大基层治理力度，加强法治宣传教育，推进基层党员干部违纪违法、涉农职务犯罪等专项治理，加大农村涉毒、涉枪、涉黑恶势力等违法犯罪活动的打击力度，开展移风易俗、弘扬时代新风行动，促进整个社会风气大大好转。

五、持之以恒正风肃纪反腐

营造一个正气弘扬、歪风邪气没有市场的政治环境。

深入学习贯彻习近平总书记关于进一步纠正"四风"、加强作风建设重要批示和省委书记李希、汕尾市委原书记石奇珠同志批示精神，从区党工委、管委会做起，从党员领导干部抓起，对"四风"突出问题特别是形式主义、官僚主义的新表现，认真自查自纠，坚决加以整改，坚决贯彻并严格执行中央八项规定及其实施细则和省委实施办法、市委实施意见精神，坚决防止"四风"问题反弹回潮，不断巩固和拓展落实八项规定的成果。持续发力政务整治、正风肃纪，重点纠正一些领导干部表态多调门高、行动少落实差等突出问题，坚决问责在文明创建、禁毒禁枪、信访维稳、扶贫攻坚、教育创现、卫生创强、环境保护、消防和安全生产等重点工作中履职不力行为，着力解决群众反映强烈、损害群众利益的突出问题，坚决查处"不作为、乱作为、慢作为""吃拿卡要拖""慵懒涣散"问题，大力排除农村基层"下梗阻"，打通政策落地"最后一公里"，从根本上清除影响和制约全区发展的"绊脚石"。巩固发展反腐败斗争压倒性态势，坚持无禁区、全覆盖、零容忍，坚持重遏制、强高压、长震慑，坚持受贿行贿一起查。着力推动正风反腐向基层延伸，深入开展扶贫领域腐败和作风问题专题治理。深化政治巡察，完善联动巡察工作格局，推进扶贫领域专项巡察。

附　　录

附录一 大事记（1919—1949 年）

1919 年

5 月 7 日　红海湾境域在县城的进步师生响应北京五四运动，积极参加海丰县学生代表大会，成立"海丰县学生联合会"。随即在海城、汕尾等地的学生开展了爱国宣传，抵制日货的宣传。

是年　田墘知名人士游子干先生倡议、筹款，在田墘圩兴建田墘学校（白沙小学）；该校于 1915 年开始筹建。

1921 年

10 月 1 日　时任广东省长的陈炯明指令海丰县长翁桂清委任彭湃为海丰县劝学所所长，次年 1 月 3 日劝学所改称教育局，彭湃任局长。

1922 年

7 月 29 日　海丰"六人农会"成立。

11 月 1 日　中国社会主义青年团海丰特别支部成立，直属团中央领导。

1923 年

1 月 1 日　海丰县总农会成立。时有红海湾籍进步人士入会。

年初　捷胜李劳工和林务农到海城会见彭湃，加入农会并成为骨干，同时成立汕尾地区"励学会"，并组织捷胜大流村、水阁村两处农会小组。随后，捷胜、田墘、东洲等地相继成立乡农会。（具体情况待考）

8月16日（农历七月初五）　海丰县署出动军警200余人围攻海丰县总农会，农会器械等被毁，副会长杨其珊等25人被捕，农会被宣布解散。史称"七五农潮"。

1924年

3月17日，在海城龙舌埔举行县农会恢复大会，红海湾境域派农民代表200多人参加。

1925年

3月上旬　中共海陆丰支部、青年团海陆丰特别支部在海丰县城成立。

3月16日　组建海丰县农民自卫军，李劳工任总队长，在桥东林氏祖祠设立农民自卫军训练所，由黄埔军校后方办事处代表吴振民任教官。从训后，汕尾驻农军1个排。是月，红海湾境域相继成立农民自卫军。

是年春　曾昭祯、陈庆广、罗章彩等受彭湃指派，分别回田墘、遮浪等地开展农运，秘密组织田墘圩农会和"八乡"（遮湖十四乡）农会。

6月13日　海城、汕尾、捷胜等地人民群众分别举行声援以上海为中心的五卅运动的示威大会。汕尾会场7000多人，捷胜会场5000多人。会上报告"五卅惨案"屠杀革命党人之惨状，代表发言，会后举行示威游行，散发传单，高喊"打倒帝国主义"等口号，各地学校组织宣传队向群众宣讲。

7月　彭湃在广州主持创办第一届农民运动讲习所，任首届主任，续后任第五届主任。办学期间，海丰（含红海湾境域）选派了一批优秀农会会员赴广州参加学习。

1926 年

1月1日　中央农民部主办的《中国农民》创刊。该刊第 1、3、4、5 期刊载彭湃著作《海丰农民运动报告》。

1月　海丰农军受命，兼任省港罢工纠察队，在汕尾、马宫、田墘、捷胜等沿海地区执行封锁船只通往香港之责，支持省港大罢工。

3月　原遮湖乡（八乡）秘密农会分开以各村为单位成立。时属东尾村农会的狮岭村、东山兰村、桂林村等村；时属遮浪（六乡）的合港村、红坎村、水龟寮村、田寮村；属施公寮（四乡）的田下村、施公寮等村，以及时属田墘的湖东村、东洲坑村等 40 多个村农会相继成立。

是年春　陈魁亚、陈修、曾绍庚等组建七区教联会。

8月15日　各乡镇派代表参加在海丰县城召开的海丰县农工商学联合会成立大会。

9月初　中共海陆丰地委改组为中共海陆丰县委。成立中共东江特别委员会和东江革命委员会。

是年　各地农会开展减租减息运动。有的成立童子团，少年先锋队。

1927 年

2月19日　海丰举办农民教师讲习班，提出"到农村去，实行教育革命化，学习社会化，学生平民化"的口号。

4月12日　蒋介石叛变革命，上海发生四一二反革命政变，屠杀共产党员和革命群众。

4月下旬　中共海陆丰地委加紧组织武装准备暴动。成立东江特别委员会和海陆丰救党委员会，农民自卫军改为农工救党军。

4月30日至5月1日凌晨　海丰、陆丰、紫金同时举行武装起义，5月1日，各自成立由共产党人和国民党左派共同组成的县临时革命政府。5月9日，在强敌进攻下，海丰县临时革命政府主动撤离县城。时红海湾境域有部分农会会员、赤卫队队员参加起义。

5月　境域工会组织恢复正常活动，恢复后的工会组织有：七区工会，会长刘守跃；遮浪工会，会长曾广赎；田墘南町工会，会长刘妈泗。

6月　田墘上墘妈祖庙举办庙会，一天晚上，彭湃到现场（戏台）发表演讲，号召农民搞农运。

8月　在遮浪海面负责警戒的农会会员截获了从惠来开来的一艘渔船，船上载着20多名中青年人。经查实，他们是南昌起义将士，在潮汕受挫，党组织用船送他们往香港。后经党组织安排，由当时的遮浪党支部书记曾昭祯组织遮浪桂林村、东尾村、合港村的10名农会、赤卫队员，用两艘"开尾"船，分别从小澳港和合港两处护送他们安全到达香港。

10月7日　南昌起义军第二十四师余部1200多人抵达激石溪；9日进入海丰朝面山及中峒后方基地休整，初编为工农革命军第一大队。

10月下旬　南昌起义军一部进入海陆丰改编为工农革命军第二师（简称"红二师"），因人数不足，先成立第四团，之后，海陆丰农军经过挑选组成第五团。这支队伍有红海湾籍人员。

10月23日　按照海陆丰党组织安排，经陆丰县委派员联系，由红海湾境域党组织曾昭祯、罗章彩、陈庆广等秘密在田墘湖内租用"彭刀"（5 吨位）渔船一艘，派出既可靠又有航海经验的农会会员（渔民），于傍晚从海埔圩池兜村澳口出发，经施公寮田下（今西湖村），在金厢海面与陆丰县委派出的小船交接。晚上 8 点时分起航，在陆丰当地党组织负责人黄秀文的陪同下，于第二天早晨把周恩来、叶挺、聂荣臻等南昌起义部队领导人顺利护送到达香港目的地。

11 月 10 日　汕尾市（镇级）召开第一次工农兵代表大会，选举产生汕尾市（镇级）苏维埃政权；13—16 日，选举产生陆丰县苏维埃政府。

11 月 18—21 日　海丰县第一次工农兵代表大会在海丰红宫举行。时红海湾区境有选派代表与会。

11 月 21 日　海丰县选举苏维埃政府委员会，宣告海丰县苏维埃政府成立。以上为彭湃主持建立的政权，统称"海陆丰苏维埃政权"，为我国第一个苏维埃政权。时红海湾区境有选派代表与会。

是年　田墘圩、南町乡、塔岭村、北山村、池兜乡、东尾村、红湖乡、南町乡等组建赤卫队。

1928 年

1 月 5 日　广州起义军余部改编的工农革命军第四师（简称"红四师"）1100 多人到达海丰，与工农革命军第二师在红场会师。

1 月 29 日　大革命取得胜利后，在捷胜衙门和北门街、田墘红楼分别成立中共海丰县第七区委员会和海丰县第七区苏维埃政府。此前，田墘红楼曾为田墘区农会办公地址。

2 月底　国民党李济深、陈铭枢部兵分四路进攻海陆丰苏维埃。

3月2日　国民党军进攻汕尾。红四师与农军在琉璃径岭伏击，未能阻敌。

3月3日　部分红四师将士和农军退至大德岭，在新塘等地与敌激战。根据上级指示，当地党组织安排了以陈庆广为首的约十名可靠赤卫队员，用大帆船把程子华及部分将士连夜从池兜澳经田厦护送出海。

3月21日　红军、工农赤卫队及农民武装共千余人进攻汕尾。驻汕尾国民党军团长李振球率队迎击。在距汕尾1里多的奎山村附近，红军居高临下伏击，击毙国民党军营长张应良。此时，汕尾对面海的新港、茅仔山的赤卫队数百人乘奎山激战之际，准备过海袭击张营后方，被国民党兵舰开炮击退。红军、工农革命军和农民武装主动撤退到赤坑、田墘。红海湾区境赤卫队主动做好接待工作，并参加一些小型的反击战斗。

1929 年

3月　徐向前等红二师、红四师将士先后离开海陆丰。

10月9日　中国工农红军第六军十七师四十九团在海丰朝面山成立。团长彭桂，政委黄强，将士多为海陆丰（含红海湾籍）人。

11月、12月间　各区乡政权先后恢复。根据地群众开始分田。

1930 年

匪贼猖獗。红海湾境域内的土匪主要有两股，即山匪和海盗。山匪因慑于人民政权的威力而收敛；海盗以余少庭、凌炳权、吴奇（又叫吴蝌）为首，盘踞在田墘、捷胜、遮浪及龟龄岛，匪徒300多人，武装设备精良。该股海匪原系汕尾渔警一队，1930年在汕尾炮台反叛国民党军队，与反叛流窜至龟龄岛的汕头王国权部合并结为独霸一方的匪帮，僭称"民主联军"，他们任意抢劫商船、渔船，派捐派饷，奸淫掳掠百姓，还充当日军侵华帮凶。

1931 年

从 5 月开始，红一团和中共海陆紫县委传达贯彻中共六届四中全会的"左"倾路线，大搞肃反，以"莫须有"罪名大抓 AB 团、社会民主党。

1934 年

6 月　台风肆虐，红海湾境域沿海渔船沉没无数，农作物受灾严重。

是年　意大利神父麦兆汉陪同英籍神父芬戴礼自香港到汕尾考察，于汕尾南端的埔上墩村、捷胜沙坑村等地发现新石器时代遗址。1936 年芬戴礼去世后，麦兆汉继续在捷胜等地进行考古研究活动。仅两年时间就发现了 20 多处重要遗址，并采集了几百件完好的石器、陶器和大量的陶片。传其时曾到境域之桥仔头、施公寮、海埔圩等地考察，史实待考。

1936 年

9 月　广东省设立广州市和 9 个行政督察区。境域随海丰县隶属第四区。区治设惠阳（惠州）。

1937 年

7 月 7 日　抗日战争全面爆发，日军大举入侵。日舰封锁南海，时而在红海湾海面游弋。

9 月 20 日上午　在碣石渔场附近作业的 12 艘汕尾拖网渔船，

突遭日军潜水艇炮击。2 艘逃脱驶往香港，1 艘受伤驶回汕尾，9 艘沉没，罹难 100 余人。后人称之为"九条龙"事件。

是日　境内东尾村有 3 条掇鸟船受炮击，陈红柿、陈火殿等 12 名渔民被炸身亡。

1938 年

9 月 3 日　日军进占汕尾新港。

9 月 4 日　日本军舰和飞机炮击滥炸汕尾、马宫。之后，日舰在红海湾游弋，封锁沿海，炮击商船、渔船。

是年　日军飞机、炮舰多次犯境，罪恶滔天。

1939 年

8 月 13—23 日　日机数次轰炸汕尾，炸毁停泊在屿仔岛的渔船 20 多艘、新港虾船 60 多艘。

12 月初至次年 1 月　海丰县青年抗敌同志会在海城举行全县抗日宣传突击月活动。参加会员三四百人。红海湾籍的会员自带粮食、咸鱼、咸菜等参加活动。

1940 年

3 月　曾生、王作尧领导的抗日游击队东移海陆丰，途经高潭、可塘等地遭国民党军队袭击，损失严重。余部隐蔽在汕尾、鮜门、田墘一带。队伍曾在田墘北山村留宿。

1941 年

3 月 24 日　日军第一次进占海丰全境，12 月 1 日遁去。

3 月下旬　陈铁（原属国民党余部）带领汕尾盐警队七八十人退驻六区金锡村，中共第五区委书记黄盛通过该队文书与陈铁联系后，把该队带往下围。陈铁到下围后不愿与共产党合作，当天把队伍带往捷胜、遮浪，与当地小股海匪会合（据点在龟龄岛）。县委派林务农等人去劝化他们，仍没有成功。

4月14日　日军撤出海城，分驻汕尾、竹围、宝楼等地。海陆丰中心县委指示各区委发动群众，以开设"练总馆""拳头馆"等形式，征集枪支，成立秘密的游击队小组和锄奸团伺机袭扰日军，打击汉奸。

5月　青坑村、沙港村一带70多人聚集为匪。海陆丰县委指示第六区委曾和世派党员曾广仲打进匪帮内部，以便掌握这支武装。数天后，众匪选举曾广仲为中队长，在当地收取盐税。后为海匪陈铁获悉，陈铁即率领匪徒前往争地盘，曾广仲率队应战，击退海匪，并毙其1人。事后，曾广仲将情况报告区委转县委，海陆丰中心县委指示该队解散。

9月19日　国民党第四战区六十五军一五八师四七二团，在团长吴植虞指挥下，营长朱金铭率300名勇士一举打败龟龄岛海匪，击毙匪首陈铁。

9月21日午夜　抗日合作军在红楼遭日军袭击，时雨，鏖战数小时，营长朱金铭牺牲，官兵阵亡81名，被捕42名，被捕者被解往汕尾杀害。事后，群众自动组织起来清理战场，建碑于田墘通往遮浪公路左侧纪念，举行公祭。

是年底　林树岳（又名林悠如）从香港回到田墘筹办白沙中学，林为第一任校长。

1942年

6月　红海湾境域并入汕尾第四区署，署治设在汕尾。

10月12日　遮浪红坎村90多名渔民出海捕鱼，突遭台风，除1人生还，余皆罹难。

是年秋　汕尾地区贤达及有识之士吴化鄰、黄心一、姚焕洲、黎阳等暨坎白盐场公署以"抗日救亡，教育救国"的宗旨，发动汕尾商界集资，创立"汕尾私立坎白中学"，是区域的首所中学，校址择于曝网埔旁（今海滨小学对面）。首任校长黄心一、副校长黎阳，陈献文任教导主任；招收首届初中1个班60人。时有红海湾籍生员入读。

是年　在田墘学校（白沙小学）的基础上建白沙中学。

是年　邑人杨成志博士在汕尾、田墘、捷胜一带海滨做考古研究工作。

1943 年

是年春　干旱4个月，严重饥荒，多数地区春节后即绝粮，奸商趁机囤积居奇，早晚时价悬殊，大米每升由3元涨到144元，10斤鲜鲳鱼才换到1斤大米。又因日军封锁沿海（汕尾港等），外无洋米进口，饥民每以野菜、番薯叶、"猴头菇"、芦箬髓、海茜、海苔充饥。至早谷登场，又霍乱流行，外出逃难乞讨、卖儿嫁女不计其数。海滩、街头、路边尸首遍地。境域内死亡人数以千计，其中有多家绝户。

12月2日　广东人民抗日游击队东江纵队（简称"东纵"）成立。有不少红海湾籍志士参加这支革命队伍。

1944 年

6月　中共海丰县委特派员刘夏帆巡视田墘、捷胜等地后返回可塘时，被国民党第六区公所逮捕，送县监禁，后解往翁源国民党第七战区复审后坐牢至次年6月日军入侵韶关时才释放，后参加珠江纵队北江支队，至1945年12月经党组织同意返回海丰大安峒东纵六支队。

1945 年

1 月 24 日　日军第二次进占海丰全境，直到 8 月 15 日投降。

4 月底　东纵六支队独立第四大队和四区、六区救乡队联合，消灭企图进驻东涌村的盐警 1 个排，缴获长枪 7 支，驳壳枪 1 支。

5 月中旬　第四区在田墘埔上村召开人民代表大会，成立抗日民主政府。区长许昌炽，副区长何熊光，参议长罗烈忠，副参议长陈庆广，区农会会长李民。许昌炽兼救乡大队长。

6 月　海丰县抗日民主政府在赤石大安峒成立。

1946 年

6 月中旬　汕尾爆发反对运粮出口的群众斗争。当时，粮食紧张，有权势的商人不断把大米偷运出口牟利，或卖给国民党军作军粮。市民迫于生活，自发在广场集会。红海湾境域各乡农民派出代表参加集会。

6 月 30 日　根据国共两党停战协定，东纵六支队大部分人员（其中有部分红海湾籍人员）复员，80 多名骨干成员北撤山东，留下韩捷、蓝训材、庄歧洲等 17 名武装人员在当地隐蔽活动。

是年　民俗学家顾铁符到捷胜、田墘等地考古。

1947 年

1 月 22—24 日　蓝训材在梅陇召开军事会议，宣布成立海陆丰人民自卫队。队员有部分属红海湾籍。

1 月　海陆丰边界集合一支 50 人枪的长发党队伍，自称"海陆丰人民救乡前进队"；还有王国权带领的凌炳权残余海匪，自称"民主联军"，驻在田墘、捷胜一带。此外，第四、第五区还有一些散匪活动。对这些组织，海陆丰人民自卫队执行统战政策，与他们有所联系，引导他们打击国民党反动势力。

7月19日　英国华侨轮船公司"丰庆轮"，驶经龟龄岛海域时突遇飓风，当晚在菜屿岛触礁沉没，500多名乘客及员工获救，由港英兵舰驳运到香港。

10月22日　原隶属海丰县国民政府的田墘联防队宣布起义。队长王钊（田墘籍），副队长陈继明，联名发表《起义告敌官兵书》《告海陆同胞书》，率部到大安峒接受中共整编，受到热烈欢迎。起义后队伍整编为江南独立第四大队，大队长王钊，副大队长陈继明，副官林德。

1947—1948年　田墘二村的王钊居所为海陆丰人民自卫队第四大队活动地址。

1948 年

6月初　海匪凌炳权残部吴耿乐（人称"吴蜞"）抵遮浪一带招集喽啰，为害商旅。

是年夏　北山村成立党支部，支部书记由北山村的李火担任。

是年夏　田墘石牌油车工会成立。

7月1日　海陆丰人民自卫队在大安峒改编为中国人民解放军江南第一支队第五团。

11月20日　刘夏帆率天雷队、海鹰队、青龙队和松花江武工队联合作战，夜袭驻东涌的盐警队。事前，第四、第五区人民自卫委员会主任林昭存等对盐警队的1名班长进行教育，该班长又联络了一些警兵为内应。是夜，人民武装顺利地收缴了该队的枪支弹药。睡在单房的盐警队长拒绝投降，开枪反抗被击毙。此役，缴获轻机枪1挺，长枪24支，驳壳枪2支。

是年　汕尾福音医院先后在田墘、捷胜和陆丰博美三地设立麻风病防治站。

1949 年

1月1日　海陆丰人民武装力量改编为中国人民解放军粤赣湘边纵队东江第一支队第五团（海丰）和第六团（陆丰）。

2月1日　海丰县民主政府在赤石秋塘谭公爷庙成立。

3月22日　粤赣湘边纵队东一支五团保卫股长陈正民与何玲、王保往第四区工作，在途中（东涌镇石洲村）与盐警相遇，战斗中全部牺牲。

4月　海鹰队在石岗寮袭击田墘陈耀华联防队，缴获长枪7支，敌余部躲驻汕尾。

5月30日　躲驻汕尾的陈耀华联防队纠合政警40多人，乘船到流口村抢掠。第四、第五区自卫委员会执行歼敌部署，以青龙队为主攻，海鹰队配合，东品乡政府警卫队和民兵据石洲岭阻击。战斗打响，群众纷纷助战，联防队员全部被俘。此役，毙敌14名，缴获长枪42支，驳壳手枪2支。青年团员周必、黄良英勇牺牲。

7月1日　海丰县人民政府在黄羌石山成立。

9月　一股海匪受国民党收买唆使，侵入田墘、捷胜，搜捕革命干部，勒索和迫害革命群众。

10月　粤赣湘边纵队东江第一支队在司令员蓝造亲自指挥下，消灭了盘踞在田墘、捷胜、遮浪的匪徒。最后，以五团一营为主攻，二、三营协攻，分兵从捷胜、汕尾渡海强攻龟龄岛。经过激战，将岛上全部海匪歼灭，作恶多端的匪首吴耿乐就擒。

10月11日　中国人民解放军粤赣湘边纵队解放海城。

11月5日　汕尾和平解放，海丰县各界人民在红场举行庆祝中华人民共和国成立和胜利解放大会。

人物介绍

程子华

程子华（1905—1991），山西省运城人。中国共产党优秀党员、久经考验的忠诚的共产主义战士、无产阶级革命家、中国人民解放军卓越的指挥员和政治工作者、中国经济战线杰出的领导者。

程子华1922年考入太原国民师范，在校期间多次参加反对军阀统治的爱国学潮，在斗争中，接受了共产主义思想。1926年6月，程子华加入中国共产党；同年12月，受党组织派遣，考取黄埔军校武汉分校，从此走上了为中国人民解放事业而斗争的戎马生涯。1927年蒋介石叛变革命以后，程子华积极参加了讨伐叛军夏斗寅的战斗。此后，他几经周折来到广州，于1927年12月参加了广州起义。起义军退出广州以后，他参加了保卫海陆丰苏维埃政权的斗争。1929年后，他到国民党军队岳维峻部做兵运工作，成功地发动了大冶兵暴，壮大了鄂东南革命根据地的力量。

1931年4月，程子华到中央苏区工作，历任红三十五军三〇七团团长、独立三师师长、红五军四十师师长、四十一师师长兼政委、十四师师长、二十二师师长、粤赣军区代参谋长等职，参加了第二到第五次反"围剿"斗争。在反"围剿"斗争中，表现出了卓越的军事指挥才能。1934年1月在第二次中华苏维埃代表大会上，被授予二等红星奖章。1934 年 6 月，中央决定派程子华到鄂豫皖革命根据地工作，到达鄂豫皖以后，任红二十五军军长，于 1934 年 11 月与中共鄂豫皖省委及红二十五军的其他领导同志一起率领红二十五军实行战略转移，开始长征。在和中央失去联系的情况下，战胜了国民党军的围追堵截，1935 年初到达陕南，开辟了鄂豫陕革命根据地。先后担任鄂豫陕省委代理书记、红二十五军政委等。红二十五军在程子华等的领导下在安康地区的旬阳、汉阴、宁陕等县打击当地保安队、民团，捣毁乡公所，摧毁保甲制度；宣传"五抗"，发动群众，镇压豪绅恶霸，铲除"地头蛇"，发动和组织群众建立苏维埃基层政权；召开群众大会，书写标语，开展文艺活动，宣传共产党的政策、主张，宣传工农红军的性质，访贫问苦，加强同群众的联系等。在安康地区的旬阳县先后建立了三个区苏维埃政府和九个乡苏维埃政府，广大农民欢欣鼓舞，衷心拥护共产党。特别是 1935 年 2 月 27 日，红二十五军进入宁陕县城，踞城三日，镇压了一批罪大恶极的豪绅，没收大财主的粮食、衣物，并召开群众大会分给贫苦农民，极大地震慑了国民党右派的气焰，牵制了国民党的兵力，鼓舞了安康人民翻身求解放的斗志。1935 年 7 月，红二十五军西出甘肃，钳制敌军兵力，有力地配合了中央红军北上。

1935 年 9 月，红二十五军到达陕北，与刘志丹领导的陕北红军会合，合编为红十五军团，程子华任军团政委。他参与指挥了劳山战役、榆林桥战斗，巩固、扩大了陕北革命根据地。1936 年 2 月，红军开始东征。他和徐海东一起率领红十五军团参加了东征战役。

西安事变以后，党中央为了建立和扩大抗日统一战线，派程子华到第二战区民族革命战争战地总动员委员会工作，任党团书记兼人民武装部部长、中共中央北方局委员。他积极发动群众，扩大抗日武装，同阎锡山的反共政策进行了有理有利的斗争。1939 年 1 月，他深入敌后到冀中军区工作，任冀中军区政委，后兼冀中区党委书记。在极其艰苦的情况下，他和吕正操同志领导了军队的整顿工作；发动群众，组织群众，武装群众，坚持了平原游击战争，领导冀中军民粉碎了日军的"五一"大扫荡，巩固了冀中抗日根据地。1943 年 8 月，他任晋察冀中央分局副书记兼军区副政委，后代理分局书记、代理军区司令员和政委，领导粉碎了日军对晋察冀的 3 个月大"扫荡"，坚持和扩大了敌后武装斗争，冲破了敌人的经济封锁，促进了边区经济的发展，巩固、扩大了晋察冀抗日根据地。

抗日战争胜利后，1945 年 10 月，程子华先后任中共中央东北局委员、冀察热辽中央分局书记、军区司令员兼政委。他根据党中央解放全国的战略部署，领导创建了冀察热辽根据地，在 1947 年至 1948 年的秋、冬、夏季攻势中，消灭了华北敌军大量的有生力量，指挥了隆化战役，解放了热河全省，根据中央军委的命令，配合杨、罗、耿兵团，切断了华北与东北的敌军联系。1948 年 9 月，参加了辽沈战役，组织指挥了著名的塔山阻击战，成功地阻击了敌人从葫芦岛和锦西增援锦州的部队，对我军取得锦州战役的胜利，确保对东北敌军形成关门打狗之势，起了重要作用。1948 年 10 月，他任东北军区第二兵团司令员；11 月初，奉命先遣入关，协同兄弟部队，重创了敌军的主力，对北平形成了包围态势。北平解放后，任北平警备司令员兼政委。1949 年 4 月，程子华任第四野战军十三兵团司令员，率部南下，先后解放了安阳、新乡、襄樊、沙市、宜昌等地。胜利渡江后，参加了衡宝战役等。

新中国成立后，1949 年底，程子华先后任山西省委书记、省政府主席、省军区司令员兼政委。从此结束戎马生涯，投身新中国的建设事业。1950 年 10 月后，先后调任中华全国合作社联合总社副主任、主任、党组书记。1956 年，任国务院财贸办公室副主任。1958 年，任商业部部长、党组书记，中华全国合作社联合总社干部学校（北京工商大学最早前身之一）校长。1960 年，任国家建委副主任、党组副书记。1961 年，任国家计委常务副主任、党组副书记。1964 年后，任中共中央西南局书记处书记兼西南三线建委常务副主任。"文化大革命"期间，程子华受到林彪、"四人帮"的迫害，被长期关押，身心受到了严重损害。1975 年以后，到中央党校读书班学习。

1978 年 3 月，程子华任民政部部长、党组书记。1980 年 9 月增选为政协第五届全国委员会副主席，1983 年 6 月当选为政协第六届全国委员会副主席。程子华是中共七届中央候补委员、八届和十一届中央委员，第一届全国人大常委，第三、第四、第五届全国人大代表，第三届国防委员会委员，第五、第六届全国政协副主席，在党的第十二届、第十三届全国代表大会上当选为中央顾问委员会委员、常委。

1991 年 3 月 30 日，程子华因病医治无效于北京逝世，终年86 岁。

程子华参加广州起义，广州起义失败后，跟随叶镛、徐向前的红四师到海陆丰开展革命斗争。他亲自参加海陆丰的多次战斗，为海陆丰三次武装起义取得胜利，成立苏维埃政府作出了积极的贡献。

李劳工

李劳工（1901—1925），原名李克家，中共党员，汕尾城区捷胜镇人。

李劳工高小毕业后当小学教员。他经常接受《新青年》等进步书刊中的思想。1920 年到海丰蚕桑讲习所就读。1922 年夏，在海丰蚕桑局捷胜实验场工作。此时彭湃在海丰开展农民运动，李克家深受感动，即弃蚕桑工作参加农运，改名李劳工，以示"劳工神圣"。随后深入区乡组织农会，成为彭湃的得力助手。1923年，在海城成立惠州农民联合会，后改组为广东省农会，李劳工被选为广东省农会执行委员，任农工部部长兼宣传部委员。同年海陆惠沿海一带两次受台风暴雨袭击，庄稼失收，农会提出如此灾年至多三成交租，并发出《为减租而告农民书》。农会减租的要求遭到县长和地主豪绅的反对。县政警拘捕农会干部 25 人，并宣布解散农会。李劳工等转入地下秘密活动，后随彭湃到汕头、广州活动。

1924 年，李劳工在广州加入中国共产党，并被党组织选送到黄埔军校第二期班学习。1925 年 2 月，国民革命军东征时，李劳工受周恩来指派，和林务农组织东征先遣队，为东征军作向导，配合东征军进占海丰县城。李劳工负责训练海陆丰农民自卫军，并任农民自卫军大队长，随即被委派为黄埔军校后方主任和东征军驻海陆丰后方办事处主任，不久调任陆丰县组建农民自卫军。6月，东征军回师广州。陈炯明部重新占领汕头，进攻陆丰。李劳工接到紧急通知，即布置陆丰农军抗敌，自己欲赶到海丰会合农民自卫军。其时陈军刘志陆部已进入陆丰县境，李劳工做完善后工作只得抄小路回海丰。当越过海陆丰交界的大德岭时，因天黑，投田墘区域住宿，被地方恶霸头子陈丙丁亲信扣押。陈深知李劳工有军事才能，企图降服他为己所用，李劳工严词拒绝。9 月 24日上午，李劳工在田墘圩遭杀害，年仅 24 岁。

李劳工在红海湾的南町村、后策村当过教师；跟随彭湃闹革命时，曾到田墘南町村、池刀村，遮浪东尾村和四石柱村发动组织农会工作。

黄旭华

黄旭华，祖籍揭阳，1924 年出生于田墘镇。1945 年，毕业于汕头聿怀中学，就读国立中央大学航空系，后考入上海交通大学。大学时，参加中共地下组织。新中国成立后，先后入上海党校、军管会工作。

1958 年，我国批准核潜艇工程立项。那时中苏关系尚处于蜜月期，依靠苏联提供部分技术资料，是当初考虑的措施之一。1959 年，苏联提出中断对中国若干重要项目的援助，对中国施加压力。毛泽东听后发誓："核潜艇，一万年也要搞出来。"曾有过几年仿制苏式常规潜艇经历又毕业于上海交通大学造船系的黄旭华被选中，从此，黄旭华与一批科研人员告别家人，隐姓埋名，到与世隔绝的孤岛，研制中国第一代核潜艇。

为了艇上千万台设备，上百千米长的电缆、管道，他要联络全国 24 个省市的 2000 多家科研单位，工程复杂。那时没有计算机，他和同事用算盘和计算尺演算出成千上万个数据。

1964 年，黄旭华终于带领团队研制出我国第一艘核潜艇。使中国成为世界上第五个拥有核潜艇的国家。

鉴于严格的保密制度，也因研制工作太紧张，1958—1988 年，整整 30 年，黄旭华没有向亲友透露自己做什么，没有回过一次老家田墘。父亲临终时也不知道他的儿子是干什么的。母亲从 63 岁盼到 93 岁才见到年已花甲的儿子一面。8 个兄弟姐妹长达 30 年不知他在搞核潜艇。1988 年，当哥哥见到这个兄弟时，竟发现黄旭华的工资比不上当时高中毕业的侄女的工资。他却淡然一笑："不管待遇如何，我都不会放弃我的事业。"

1988 年，核潜艇按设计极限在南海作深潜试验。黄旭华亲自下潜 300 米，是世界上核潜艇总设计师亲自下水做深潜试验的第一人。黄旭华曾先后多次获得国家科学技术进步奖特等奖、全国科学大会奖，为国防事业、为我国核潜艇事业的发展作出了重要贡献，被誉为"中国核潜艇之父"。黄旭华个人被评为全国劳动模范，记一等功；当选为中国工程院首批院士。2017 年，黄旭华获评敬业奉献类全国道德模范，出席全国精神文明建设表彰大会并受到习近平总书记接见。

1989 年，被授予全国先进工作者。

2013 年，被评为感动中国十大人物之一。

2017 年 10 月 25 日，荣获 2017 年度何梁何利基金最高奖——科学与技术成就奖。

2017 年 11 月 9 日，获得第六届全国道德模范敬业奉献类奖项。

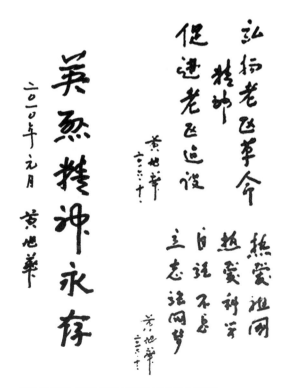

黄旭华题字（红海湾经济开发区老促会供图）

2018 年 3 月 20 日，被华人盛典组委会公布获得"世界因你而美丽——2017—2018 影响世界华人盛典"终身成就奖。

2019 年 9 月 17 日，国家主席习近平签署主席令，授予黄旭华"共和国勋章"。

王桂英

王桂英（1909—1928），女，汕尾市田墘镇人，1909 年出生在一个小贩的家庭。青少年时期，在彭湃的感召下，带头冲破封建习俗，剪掉长辫子，主动争取到学校读书，并且敢于反抗包办婚姻，表现出勇于向各种封建陋俗斗争的革命精神。

1926 年初，海陆丰农民运动迅速发展，王桂英开始接触了农会的领导人，经常和好友庄启芳畅谈革命理想。在党的教育下，王桂英逐渐认识到，要想拯救农民就必须把农民组织起来，成立农会建立革命政权的道理。不久，加入共产主义青年团，和农会干部一起，深入农村，发动妇女们上夜校，参加农会，参加农民赤卫队。

在工作过程中，王桂英认识了广东区委派来组织工会的特派员杨鲁，共同的革命志向，使他们结成伴侣。

第三次武装起义胜利后，海丰县于 1927 年 11 月 18 日召开全县工农兵代表大会，11 月 21 日建立了海丰县苏维埃政府。各区也相继建立了苏维埃政权。王桂英担任赤坑区的团委委员，兼管宣传组织工作。为了便于工作，她毅然把刚生下来的婴儿送到六七十里远的青草圩，让婆婆抚养。

1928 年 3 月，由于反动势力的疯狂反扑，海陆丰苏维埃政权暂告失败。王桂英的丈夫杨鲁被迫到南洋槟榔岛。王桂英对革命事业一片忠心，毫不计较个人安危，接受组织的指派，继续留在敌后担任宣传、组织和恢复苏维埃政权的工作。

是年 9 月，王桂英不幸被敌人逮捕。凶恶的敌人对她施行种种惨无人道的肉刑。王桂英咬紧牙关，忍着惨痛，表现了坚贞不屈的英雄气概。

敌人无可奈何，把王桂英拉去活埋。就义途中，王桂英忍着剧痛，拼出全身力气高喊"打倒蒋介石!""打倒国民党反动派!""中国共产党万岁!"的口号。牺牲时年仅 19 岁。

王桂英烈士是红海湾人民的好儿女。

苏　惠

苏惠（1909—1996），女，原名庄启芳，又名苏蕙，广东汕尾田墘北社人。1924 年进捷胜女校读书。1925 年，参加革命，任海丰县妇女解放协会执委。开办女工识字班，为农会编写传单，配合农会下乡宣传，开展减租减息斗争并负责做女生工作。1926 年 1 月第一次国共合作期间，参加在广州召开的国民党二大。后被派往惠来组建国民党县党部，开辟新区工作。5 月至 6 月间，任共青团海陆丰地委常委、妇委书记，兼管海丰中学团的工作。同年秋，调第四区（鹅埠）工作。1927 年春，调第五区（汕尾）团委工作，兼任妇女平民学校校长。9 月，被指定为青年团公开代表，负责汕头（五区）的妇女工作。11 月，参加海丰县工农兵代表大会，任海丰县苏维埃政府委员、第五区委委员兼农妇部主任。1928 年，兼任湖田洞 8 个乡的政治指导员，组织农民配合苏维埃政权进行反"围剿"斗争。由于海丰党组织受到严重破坏，苏惠和党失去联系后赴新加坡，在嘉庚工厂做工，并与当地党组织取得联系。后被调到新加坡临时工委任机要秘书。1929 年春，到暹罗（泰国）光华学校教书，同时秘密组织学生会。1932 年，在培英女校当教员，组织"彷徨学社"进行文化活动。1934 年，在新民中学任教，参加当地反帝大联盟及暹罗文化教育界青年运动，从事统战及地下工作，参与妇女进步组织"齿轮读书会"刊物的出版。1935 年春，回到香港，并在澳门安南党的机关做掩护工作。1936 年 9 月后，在中共南方临时工作委员会从事恢复党组织的接头工作、统战和宣传工作。1937 年 3 月，被中共南方临时工委派到上海，建立南方工委与中共中央联络站。9 月被派到潮汕任中共韩江工委潮汕分委组织部部长。1938 年，到闽西帮助中共闽粤赣边省委组织部部长工作，同年春任省委妇女部部长。1939 年 11 月，被选为党的第七次全国代表大会代表。1945 年 4 月至 6 月，作为大后方代表团成员出席中共七大。12 月和丈夫方方随周恩来赴重庆，参加中共中央重庆局组织部审干工作。1946 年 5 月到香港，负责省港工委审干及建党训练班工作。1947 年 6 月，任中共中央香港分局港澳工作委员会（又称香港工委）委员、中共香港工委组织部部长兼党总支书记。后任中共中央华南分局香港工作委员会委员。

新中国成立后，历任广州市人民政府第一、第二届委员，中共广州市委委员、常委，中共广州市纪律检查委员会委员，广州市监察委员会委员，广东省监察委员会委员。1950 年，任广东省民主妇女联合筹备委员会党组干事书记、中共中央华南分局妇委副书记。1953 年后，任中共广州市委妇女工作委员会书记、广州市民主妇女联合会筹备委员会主任、广州市妇联第一届执行委员会主任、广州市妇联党组书记。1955 年 3 月后，调任华侨事务委员会工作，历任国家华侨事务委员会党组成员，侨委国内司、人事司和国外第二司司长，机关党委副书记等职。"文化大革命"期间受到冲击。1978 年恢复工作。在第二次全国归侨代表大会上当选为全国侨联副主席，任党组成员。苏惠是第一届全国侨联常委，第二、第三届中侨委委员，第二届全国侨联副主席，第三届起连任全国侨联顾问。第二、第三、第四届全国妇联执委，第五届妇女代表大会主席团成员。第二、第三届全国人民代表大会代表。第五、第六届全国政协委员。中共八大代表。撰写过《彭湃和他的战友》《去延安参加七大》等文。

1996 年 7 月，苏惠因病在北京逝世。

赖月婵

赖月婵（1903—1929），女，出生于海丰县城贫农家庭。小时候被人收作童养媳，14 岁入海城民生布厂当童工。1925 年东征军入海丰时，参加厂内女工的罢工斗争，同年参加中国共产党。

1927 年 10 月，参加妇女军事训练班，接受严格训练。后担任赤坑区妇女主任，组建有 400 多人的妇女"粉枪队"，并率领该队到海城参加攻下捷胜城的祝捷大会。1928 年，赖月婵率"粉枪队"参加东江年关大暴动。是年夏，赖带领"粉枪队"在可塘、田墘等地进行游击战。1929 年初，在一次化装出村执行任务时，被敌人跟踪逮捕，押回县城监狱。最后被枪杀，牺牲时年仅26 岁。

杨小岳

杨小岳（1900—1930），男，学名杨少岳，化名林楚、楚南。中共党员。汕尾市城区红草镇新村村人。

杨小岳中学毕业后参加海陆丰农民运动。1924 年，被派往广州农民运动讲习所学习。回海丰县后在县总工会筹备处工作。1925 年，加入中国共产党。1926 年，任青草区党部委员，并当选为共青团海陆丰地委委员，后调任中共第七区（田墘区）部委书记。1927 年，参与海陆丰三次武装起义。第三次起义胜利后，调任东南特委书记。1928 年 3 月，杨小岳领导各区农军与国民党军队作战。此时，白色恐怖笼罩海陆丰，杨小岳在港经商的哥哥劝其赴港经商，杨小岳断然拒绝。5月，成立陆丰临时县委，杨小岳任委员、常委，与其他领导一起开展反"围剿"斗争。1929年，杨小岳被组织选派到香港参加干训班学习。其时，港英政府与国民党右派勾结，大肆搜捕革命人士。杨小岳被港英政府逮捕并押回大陆，船到汕头靠岸途中逃脱，回到大南山。后被东江特委派往潮安任县委书记。1930年5月，出席东江首次工农兵代表大会。9月，奉命与张福海、徐海等12人潜入南澳岛，筹划渔民革命暴动。攻占县城隆澳，成立苏维埃政府。10月初，杨小岳率暴动队伍在鸡笼山下澳头遇敌交战，为掩护部队撤退，中弹牺牲，时年30岁。

1987年，南澳县人民政府在前江埔附近山坡上，建立南澳县渔民革命烈士纪念碑，杨小岳英名列位第一。

苏贵聪

苏贵聪，男，1958年生，广东汕尾红海湾经济开发区红坎村委四石柱村人。原广东海事局汕头航标处遮浪灯塔站班长。

自1976年驻守遮浪灯塔以来，他固守岗位，精心养护，创造了灯塔39年正常发光率和复光率100%的记录，为这条重要航线上39年无船舶航行事故作出了贡献。

曾获得广东省模范共产党员、全国交通系统劳动模范、全国劳动模范等荣誉称号；被评为2014年第四季度"广东好人"。其先进事迹曾在中央电视台《新闻联播》播出，被广东省委组织部制作成党员电教片——《灯守人》在全省发行。2015年被评为敬业奉献的"中国好人"；2018年被评为汕尾市第三届"道德模范"；被过往的船员亲切地称为"红海湾不落的北斗"。

一、农会会址（馆）遗址（部分）

（一）田墘街道

1. 塔岭村农会旧址

塔岭村农会、赤卫队遗址位于汕尾红海湾区田墘街道塔岭村五家巷，原称塔岭村公所，是一间平房瓦屋。占地面积 80 平方米，建筑面积 60 平方米。该址在中华人民共和国成立前曾受破坏，中华人民共和国成立后作了维修，现属危房。

塔岭村农会、赤卫队旧址（林嘉鑫摄于 2017 年 11 月）

1924 年，海丰县农会田墘圩片骨干翁兆祺（又名翁佛涵）、罗宏贞、游贞希等响应彭湃的号召，到田墘的塔岭村（俗称塔仔村）组织成立塔岭村农会，后又成立赤卫队。农会会长钟锦山，会员有钟喜春、丁妈坤、凌伟、钟古、钟贤、钟敬文等，钟敬文任秘书，掌农会印。钟喜春任赤卫队长。会址设在塔岭村公所。农会和赤卫队经常在该址开会、发展会员和队员，策划参与海丰县和田墘地区的农运、武装斗争、斗霸减租等活动。

2. 池兜村农会旧址

池兜村农会旧址位于汕尾红海湾区田墘街道内湖池兜村中巷，为三间瓦房，占地面积 200 多平方米，建筑面积 150 平方米。

1923 年，陈庆广（池兜村人）在海丰县城认识了彭湃，并跟随彭湃搞农运。1925 年，时任海丰七区农会负责人陈庆广回池兜村发动组织农会，会员 10 多人，会址设在该址，陈庆广兼任会长。1927 年，池兜村农会会员达

池兜村农会旧址（林嘉鑫摄于 2017 年 11 月）

100 多名。骨干会员有：陈世岭、陈义学、林子平、陈世郡、陈娘发、陈名就、陈德庆、黄家琛、陈娘碑、陈妈得、林初喜、陈娘镜、陈世涂、林粤、赖妈励、陈投、姚妈员、陈定坤、陈庆、姚求、姚娘健、姚梓、黄妈想、赖灶鲁等。

农会成立后，农民当家做主，与地主恶霸作斗争，开展减租退租运动，在三湖地区乃至海丰县，影响很大。农会会址有"湖内农运大本营"之称。中共海陆丰党组织、农会组织、武装力量的许多领导同志都来到该村农会指导工作。1927 年底至 1928 年初，国民党反动民团多次对池兜村开展"围乡"，烧掉 80 多间农会会员、赤卫队队员的房屋，被害群众 100 多人，其中烈士 22 人。

电视剧《彭湃》就展示了海丰农运历史上彭湃在危急关头直接部署池兜村接应红军、农运人员通过澳口成功转移撤退的史实，

重现了彭湃同志直接领导池兜村农运及池兜村农运在海丰农运中的重要作用。

3. 第七区田墘圩总农会活动会址——曾氏祠堂

第七区田墘圩总农会活动会址——曾氏祠堂，位于汕尾红海湾区田墘街道三村。占地面积 2000 平方米，建筑面积 1600 平方米。

第一次东征后，海丰的农会活动逐渐恢复。1925 年 4 月，田墘圩总农会成立，曾昭祯任总会长。曾氏祠堂成为曾昭祯与李静波、彭文斌、黄程等各村农会会长开会议事的场所。他们组织各村农会开展减租减息活动，改善农民生活，维护乡村治安。1926 年曾昭祯任田墘党支

第七区田墘圩总农会活动会址（林嘉鑫拍摄于 2017 年 11 月）

部书记，曾氏祠堂成为田墘党组织活动的地方。1927 年曾昭祯为海丰县第七区苏维埃政府党代表。

4. 田墘五村、六村农会会址——营盘埔

位于汕尾红海湾区田墘街道六村营盘埔。占地面积 200 多平方米，建筑面积 200 平方米。

1925 年，田墘人罗宏扬、曾昭祯、李浮等革命志士响应彭湃号召，在田墘组织成立田墘五村、六村农会，会址设在田墘营盘埔。两村农会合署办公。五村农会会长李浮，六村农会会长彭芝照。会员近 60 人。

田墘五村、六村农会以会址为阵地，开展宣传革命道理、扩

田墘五村、六村农会会址——营盘埔（林嘉鑫摄于 2017 年 11 月）

大农会组织、调解民事、成立农会赤卫队。罗宏扬等还组织成立儿童团，团部也设在该址。1927 年，罗宏扬等组织了 300 多名儿童团员从该址出发，到捷胜城和附近乡村开展革命宣传活动，呼吁民众支持攻打捷胜城，打倒地主恶霸的斗争。同年 11 月 20 日，罗宏扬等率领田墘赤卫队员参加攻打捷胜城的战斗，并率先攻克东北两个城墙隙口，为这场斗争取得胜利立下功劳。

该址现已成为危房。

5. 南联村农会旧址

南联村农会于 1927 年成立。

南联村农会、赤卫队旧址均位于汕尾红海湾区田墘街道南町村西岭巷，是一间占地 140 平方米的旧瓦屋。

南联行政村下辖南町、上内寮、下内寮、坑尾四个自然村，南町村人口在土地革命战争时期已有近千人，而其余三个村各 200 多人，所以南町村四个自然村的行政办公地点历来设在该村。

1927 年，田墘圩总农会会长曾昭祯接受彭湃的指示到田墘圩南郊的南町、上内寮、下内寮、坑尾四个自然村发动农运，四个村农民纷纷响应，成立农会、赤卫队，办公地址设在南町村西岭巷。

南联村农会、赤卫队旧址（林嘉鑫摄于 2017 年 11 月）

农会和赤卫队敢于向地主提出减租要求，调解民事纠纷，维护治安，成为农民的主心骨。1927 年 11 月，南联村许佣、陈米盛、刘礼木、詹响垒、陈华岁、詹临选、周贤、詹火实、刘礼衷等赤卫队员参加攻打捷胜城的战斗，为革命作出了较大贡献。

（二）遮浪街道

1. 东尾村农会旧址

东尾村农会于 1926 年成立。

东尾村农会旧址位于汕尾红海湾区遮浪街道东尾村委会东尾村东边，由两间平瓦房构成，占地面积约 80 平方米，建筑面积 50 多平方米。

该址原为东尾村公馆，曾为东尾村私塾、武术馆、曲馆。

1926 年初，东尾村在本村共产党员罗章彩的组织下，成立了"八乡农会"（临时），会长石冰，执委罗章彩。会址设在东尾村公馆。会员遍布东尾、西岭、新岭、东山兰、湖尾、桂林、五家曾、新圩、湖连、长沟、九堀、长劳兜、西地、径尾等 14 个自然村（当时遮浪片叫六乡，遮湖片叫八乡，施公寮片叫四乡）。起初有会员约 60 人，后发展到近 300 人。农会成立时，罗章彩的上级领导杨小岳和战友曾昭祯等也莅会。后因农会会员多，经农会领导成员决定，各村分别设立村农会。东尾村也跟各村一样，独自成立东尾村农会，会长罗章彩。

1929 年，该址曾被国民党反动派破坏。

2. 狮（西）岭村农会旧址

狮（西）岭村农会于 1926 年成立。

位于现汕尾红海湾区东尾村委会西岭村。西岭村在中华人民共和国成立前叫狮岭村，中华人民共和国成立后叫西岭村，现民间还叫狮岭村。该址为平房瓦屋一间，占地面积 60 多平方米，建筑面积 50 平方米。当时狮岭村

狮（西）岭村农会旧址（林嘉鑫摄于 2017 年 11 月）

和狮岭上乡两村一起成立农会和赤卫队，狮岭上乡也设农会馆，面积约 48 平方米。

1926 年以前，罗章彩和石冰等发起成立"八乡"农会，范围包括东尾村、狮岭村（现西岭村）、狮岭上乡（现新岭村）和东山兰村等 14 个村庄。后因农会会员不断增加，经农会领导决议，以狮岭村籍的农会会员为主体，成立狮岭村农会，会长石冰，会员有许转、罗娘见等。把原来的农会秘密联络点作为会址。农会经常在此召开会议、发展会员，组织开展与恶霸地主作斗争、抗租减租等革命活动。

该址在石冰等农会领导被捕时遭到破坏。20 世纪 80 年代曾有过小修，现成危房。

3. 合港村农会旧址

合港村农会于 1926 年成立。

位于汕尾红海湾区遮浪街道合港村。占地面积 60 平方米，建

筑面积 50 平方米。该址在大革命失败时遭受严重破坏，20 世纪 70 年代初重修。

合港村农会旧址（林嘉鑫摄于 2017 年 11 月）

1926 年，在共产党员童德昌的发动、组织下，合港村成立了农会，会长黄藤，副会长童德昌，会址设在该处。

4. 四石柱（上乡）村农会及儿童团遗址

四石柱村农会及儿童团于 1926 年成立。

四石柱村农会及儿童团遗址位于汕尾红海湾区遮浪街道红坎村委会四石柱村后面。原为四石柱上乡胡氏祠堂，占地面积 400 多平方米，建筑面积 400 平方米。

该址于大革命失败后的 1929 年冬，连同四石柱上乡被国民党反动派"破乡"（全乡夷为平地）。现地下尚存房屋墙基，地面杂草丛生。

四石柱上乡是胡姓和詹姓两姓人于康熙年间所建，在民国初年，乡村面积 20 多亩，约 200 人。大多以捕鱼为主，兼之农耕，长期受地主渔霸的压迫勒索。

四石柱村农会及儿童团遗址（林嘉鑫摄于 2017 年 11 月）

1924 年，四石柱

上乡的胡妈解、胡金仲、胡妈扛（虹）等认识了李劳工，后跟随彭湃闹革命。1926 年秋在四石柱上乡成立了四石柱村农会。不久，农会扩大为遮浪乡（六乡）农会，会长胡金仲。会址设在该乡胡氏宗祠。后来，还成立了儿童团。团长胡万寿，团员有本村的胡恩潮、胡恩技、江信奎和水龟寮村罗拖等，团部设在胡氏祠堂厢房。儿童团成立后，做了许多"杰作"，如"裤筒藏传单""假装乞食佬发传单""绑架伪保长儿子""盗窃伪保长秘密材料""放鞭炮吓倒国民党兵""冒死送信"等，发挥了儿童团自身的优势，配合支持了农会的工作，为革命作出了贡献。

四石柱村、遮浪乡（六乡）农会和儿童团，活动频繁，斗地主、斗渔霸，远近闻名，也因此被国民党右派视为"赤色乡"。1929 年夏，国民党军队包围了四石柱上乡，实施了搜、掠、打、烧、炸等残忍手段，最后，把上乡的民众全部赶出家门，放火烧、用炮炸，把整个上乡全部捣毁，胡氏宗祠更是片瓦不留。

长期以来，四石柱村的民众尤其是胡、詹两姓的革命后代，对因革命而被"破乡"的这一历史刻骨铭心，每逢清明时节或烈士遇难日，都会到遗址举行纪念、缅怀活动。更希望早日

水龟寮村农会旧址（林嘉鑫摄于 2017 年 11 月）

恢复原址，以告慰先烈，启迪后代，传承红色历史。

5. 水龟寮村农会旧址

水龟寮村农会于 1926 年成立。

水龟寮村农会旧址位于汕尾红海湾区遮浪街道水龟寮村永安区七巷 1 号，平房瓦屋 1 间，占地面积 50 平方米，建筑面积 40

平方米。该址在大革命失败时遭受严重破坏，中华人民共和国成立后曾作了修整。

1926 年，水龟寮村成立农会，农会会长许守全。农会联络点设在该址。经常在此活动的有农会负责人黄妈阶（八区赤卫队长）、许赖病、陈道耀等。

（三）东洲街道

1. 湖东村农会旧址

湖东村农会旧址（林嘉鑫摄于 2017 年 11 月）

湖东村农会于 1926 年（一说为 1927 年）成立。

湖东村农会旧址位于汕尾红海湾区东洲街道湖东村井头巷刘家聚家中。两间平房瓦屋，占地面积 100 平方米，建筑面积 80 平方米，建于 1901 年。该址在刘家聚被捕时被严重烧毁。后曾有过小修，但现已是危房。

1925 年，张妈照（东洲坑人）与刘家聚等人召集该村农民积极分子，对他们进行革命宣传，动员他们跟随彭湃开展农运。1927 年，成立湖东村农会，张妈照任会长。同时成立农民自卫队，后改名为赤卫队，刘家聚为赤卫队班长。

2. 东洲坑村农会旧址

东洲坑村农会于 1926 年成立。

东洲坑村农会旧址位于汕尾红海湾区东洲街道东一村后铺顶 12 号张妈照家中。一间平瓦房，占地面积 80 平方米，建筑面积 40 平方米。该址在 1933 年随着张妈照的被捕和杀害而受到严重损毁。后亲属有过简单修整，现为危房。

东洲坑村农会旧址（林嘉鑫摄于 2017 年 11 月 15 日）

1926 年春，湖东村成立农会，由东洲东一村人张妈照任会长。之后，张妈照以自己的家为联络点，发动亲戚朋友，召集该村农民积极分子，进行革命宣传，最终成立东洲坑村农会，张妈照任会长。

二、赤卫队队址（馆）遗址（部分）

（一）田墘街道

1. 塔岭村赤卫队旧址

塔岭村赤卫队于 1924 年成立。

赤卫队旧址位于汕尾红海湾区田墘街道塔岭村五家巷，原称塔岭村公所，是一间平房瓦屋，占地面积 80 平方米，建筑面积 60 平方米。该址在中华人民共和国成立前曾受破坏，中华人民共和国成立后作了维修，现属危房。

1924 年，海丰县农会田墘圩片骨干翁兆祺（又名翁佛涵）、罗宏贞、游贞希等响应彭湃的号召，到田墘的塔岭村（俗称塔仔村）组织成立塔岭村农会，1927 年又成立赤卫队。队址设在塔岭村公所。农会和赤卫队经常在该址开会、发展会员和队员，策划参与海丰县和田墘地区的农运、武装斗争、斗霸减租等活动。

2. 红湖村赤卫队遗址

红湖村赤卫队于 1927 年成立。

红湖村赤卫队遗迹位于汕尾红海湾区田墘街道红湖村山岗乡北侧，原为两间平房，占地面积 100 平方米，建筑面积 80 平方米。该址被烧毁后再无修建，现为断壁残垣。

红湖乡赤卫队遗址（林嘉鑫摄于 2017 年 11 月）

1927 年 11 月，继汕尾市（当时的汕尾镇）苏维埃政府成立后，红湖村赤卫队成立，戴诵任赤卫队中队长，由于山岗乡为大德岭尖峰山之余脉，后山丛林密集，易守难攻，又方便农会和赤卫队的联系，于是赤卫队选择在该址开展革命活动。

3. 南联村赤卫队旧址

南联村赤卫队于 1927 年 11 月成立。

南联村农会、赤卫队旧址位于汕尾红海湾区田墘街道南町村西岭巷，是一间占地 140 平方米的旧瓦屋。

南联行政村下辖南町、上内寮、下内寮、坑尾四个自然村，南町村人口在土地革命战争时期已有近千人，而其余三个村各200 多人，所以南町村四个自然村的行政办公地历来设于此。

1927 年，田墘圩总农会会长曾昭祯接受彭湃的指示到田墘圩南郊的南町、上内寮、下内寮、坑尾四个自然村发动农运，四个村农民纷纷响应，在农会组织的基础上成立赤卫队，队址设在南町村西岭巷。

农会和赤卫队敢于向地主提出减租要求，调解民事纠纷，维护治安，成为农民的主心骨。1927 年 11 月，南联村许佣、陈米盛、刘礼木、詹响垒、陈华岁、詹临选、周贤、詹火实、刘礼衷等赤卫队员参加攻打捷胜城的战斗，为革命作出了较大贡献。

4. 池兜村赤卫队队部旧址

位于汕尾红海湾区田墘街道内湖村池兜乡广兴区 39 号，瓦屋 3 间，占地面积约 200 平方米，建筑面积 130 平方米。

1927 年底，池兜组建了赤卫队。赤卫队长姚娘震、姚健，队员有姚妈员（共产党员，后任捷胜区赤卫队长）、赖灶淡（共青团员）、林德明（兼池兜童子团团长）、陈庆齐（后任七区农民自卫军军械长）、林蓝、陈德音等。

池兜村赤卫队队部旧址（林嘉鑫摄于 2017 年 11 月）

1927 年，池兜村赤卫队员人数达 60 多人。赤卫队队部与农会在此合署办公。该址是会员、队员的集中地，内存放着大量的尖串、土炮、刀棍等器械。

1928 年春，红四师十团与国民党军队和反动民团在新塘岭激战，池兜村赤卫队员就在该址集中出发，配合红四师与敌人战斗。在敌强我弱的紧急关头，赤卫队员冒着生命危险掩护部分红军战士撤至池兜村，当时姚健还背着负伤的程子华到池兜学校养伤，随后，又由七区农会副会长陈庆广和赤卫队长姚健等用船从池兜澳口护送撤离。

（二）遮浪街道

1. 东尾村赤卫队旧址

东尾村赤卫队于1927年成立。

位于汕尾红海湾区遮浪街道东尾村，为罗章彩烈士旧居。属传统"三间两伸手"建筑格局，占地面积110多平方米，建筑面积100平方米。

东尾村赤卫队旧址（林嘉鑫摄于2017年11月）

1927年，东尾村成立赤卫队。队长罗界，队员有蔡火星、陈乃会、陈守慎、陈妈吟、蔡顿等人。队址设于此。赤卫队成立后，与农会密切配合，开展减租抗租、与海匪斗争等活动，

东尾村赤卫队旧址内的茶桌（陈锤供图）

保护了农会和农民的利益。该址当时藏有铁叉、铁尺、长棍器械。

附录四 红海湾经济开发区革命老区村庄

序号	所在乡镇（街道）	所在管理区（居委、村委）	老区村庄名称	备注
1	田墘	田墘	一村	
2			二村	
3			三村	
4			四村	
5			五村	
6			六村	
7			七村	
8		南联	南町	
9			上内寮	
10			下内寮	
11			坑尾	
12		内湖	埔尾头	
13			海埔圩	
14			海埔仔	
15			新塘	
16			新蔡林	原菜头篮村

（续表）

序号	所在乡镇（街道）	所在管理区（居委、村委）	老区村庄名称	备注
17	田墘	内湖	山边城	
18			城埔	
19			池刀	原池兜村
20			池刀仔	
21		外湖	埔上	
22			后湖	
23			麻园	
24			深径	
25		红湖	吉厂	
26			浮山	
27			田心	
28			新乡	
29			格陂	
30			山岗	
31		塔仔	塔仔	
32		北山	北山	
33		石新	过洋埔	
34			石岗寮	
35			新乡	
36			石牌	原东洋村并入

（续表）

序号	所在乡镇（街道）	所在管理区（居委、村委）	老区村庄名称	备注
37	田墘	石新	马巷	
38			小马巷	原马巷仔村
39			新尾地	原梁厝村并入
40	遮浪	水龟寮	水龟寮	
41		东尾	东尾	
42			东风	
43			西岭	
44			新岭	
45		长沟	长新	
46			长沟	
47			径尾	
48			西地	
49			新沟	
50		桂林	桂林	
51			东联	
52			东联圩	
53		红坎	红坎	
54			四石柱	
55		田寮	田寮	
56		合港	合港	

（续表）

序号	所在乡镇（街道）	所在管理区（居委、村委）	老区村庄名称	备注
57	遮浪	施公寮	施公寮	
58		新围	西湖	
59		宫前	新湖	
60	东洲	东洲坑	一村	原东洲坑村
61			二村	原东洲坑村
62			前山	原东洲坑村
63			石鼓	原东洲坑村
64			三村	原东洲坑村
65			四村	原东洲坑村
66			潭仔	原东洲坑村
67		湖东	一村	原湖东村
68			二村	原湖东村
69			三村	原湖东村
70			四村	原湖东村
71			五村	原湖东村
72			六村	原湖东村
73			七村	原火烟村并入

资料来源：《广东省革命老区村庄名册》（上卷）。

附录五 **红海湾经济开发区烈士英名录**

序号	姓名	别名	性别	籍贯	党团员	牺牲前单位、职务	牺牲时间
1	陈定坤		男	田墘内湖	党员	田乾区农民自卫军队长	第一、第二次国内革命战争时期
2	刘木		男	田墘四村	党员	八区赤卫队员	
3	刘泅	刘泗	男			八区赤卫队员	
4	黄藤		男			八区农会会长	
5	邓聪		男		党员	八区赤卫队员	
6	李浮	李捷深	男	田墘五村		七区赤卫队员	
7	游树春		男	田墘六村		田六村赤卫队中队长	
8	刘仁济		男			七区政府秘书长	
9	罗坪		男	田墘五村		青年先锋队队长	
10	曾向时		男	田墘三村		七区农民自卫军战士	
11	曾绍祯		男		党员	遮浪党支部领导人	

（续表）

序号	姓名	别名	性别	籍贯	党团员	牺牲前单位、职务	牺牲时间
12	罗宏扬		男	田墘六村	团员	田墘苏维埃执委	第一、第二次国内革命战争时期
13	罗宏贞		男		党员	田墘遮浪党代表	
14	曾绍庚	曾子怡	男	田墘三村	党员	七区教联会员	
15	曾广仲		男		党员	红军四十九团交通员	
16	戴家琛		男	田墘红湖		红湖村赤卫队通讯员	
17	罗立扳		男		党员	地下工作者	
18	戴泉	戴桌	男			地下组织通讯员	
19	刘发兰	刘友兰	男		党员	七区委书记	
20	胡如切		男			红湖村赤卫队员	
21	陈敖		男			红湖村赤卫队员	
22	刘娘右		男		党员	七区财政管理员	
23	戴诵		男			红湖村赤卫队中队长	
24	胡滚		男			红湖村赤卫队员	
25	李世流		男	田墘外湖		七区赤卫队员	
26	李燮		男	田墘二村	团员	七区赤卫队宣传员	
27	罗坦		男	田墘北山		七区赤卫队长	
28	罗宗望	罗曾	男			七区赤卫队员	
29	罗我		男			新山乡赤卫队长	
30	蒋妈得		男	田墘石新		石新村赤卫队长	
31	刘滔	刘留	男			石新村赤卫队长	

（续表）

序号	姓名	别名	性别	籍贯	党团员	牺牲前单位、职务	牺牲时间
32	陈长齐		男	田垅内湖		七区赤卫队教练员	第一、第二次国内革命战争时期
33	陈世岭		男			内湖村赤卫队员	
34	林初喜		男			内湖村赤卫队员	
35	陈娘镜	林娘镜	男			内湖村赤卫队员	
36	陈世涂		男			内湖村赤卫队员	
37	林 粤		男			内湖村赤卫队员	
38	陈世有		男			池刀村赤卫队员	
39	郑 励		男			新塘村赤卫队员	
40	陈德庆	陈庆齐	男		党员	七区农民自卫军军械长	
41	赖灶淡		男		团员	七区赤卫队教练员	
42	杨 姚		男			埔美头村赤卫队员	
43	郑 黑		男			七区清理处文书	
44	林得明		男			池刀村儿童团团长	
45	郑 遮		男			七区赤卫队员	
46	万红乖		男			七区赤卫队长	
47	王乃通		男	田垅外湖		埔上村赤卫队员	
48	王 嬷	余 嬷	男			埔上村赤卫队员	
49	王 命		男			埔上村赤卫队长	
50	王林名		男			埔上村赤卫队员	
51	王传造		男			埔上村农民自卫军战士	

（续表）

序号	姓名	别名	性别	籍贯	党团员	牺牲前单位、职务	牺牲时间
52	王 木		男	田墘外湖		埔上村赤卫队员	第一、第二次国内革命战争时期
53	王传令		男			埔上村赤卫队员	
54	王 罩		男			埔上村赤卫队员	
55	王耸名		男			埔上村赤卫队员	
56	林斗发		男			埔上村赤卫队员	
57	王 链		男			埔上村赤卫队员	
58	刘 俭		男	田墘内湖		七区通讯组长	
59	王攀盛		男	田墘外湖		七区赤卫队员	
60	王 读		男			七区赤卫队员	
61	戴 俊		男			七区赤卫队员	
62	王益盛		男			七区赤卫队员	
63	王传祖	王 状	男			七区赤卫队员	
64	李 条		男			七区赤卫队员	
65	王 县		男			七区赤卫队员	
66	王 法	王传法	男			七区赤卫队员	
67	王少疑		男			海丰县秘书	
68	王传投		男			七区赤卫队员	
69	曾绍昌		男	田墘三村	党员	八区赤卫队长	
70	曾 有		男	田墘一村		七区赤卫队后勤负责人	
71	陈志仁		男	田墘二村		七区赤卫队遮浪执委	

（续表）

序号	姓名	别名	性别	籍贯	党团员	牺牲前单位、职务	牺牲时间
72	罗妈景	罗榜利	男	田墘一村		七区赤卫队员	第一、第二次国内革命战争时期
73	彭武孝		男			田一村赤卫队员	
74	江来盛		男			田一村赤卫队员	
75	刘层		男			田一村赤卫队员	
76	刘涛		男			七区赤卫队医生	
77	林光户		男	田墘二村		七区赤卫队宣传员	
78	陈培财		男			七区赤卫队总务	
79	黄杓		男	田墘内湖		七区赤卫队后勤总务	
80	黄妈钗	吴妈钗	男			内湖乡赤卫队员	
81	刘妈得		男			内湖乡赤卫队员	
82	黄妈如		男			七区赤卫队文书	
83	陈乃碧		男		党员	七区赤卫队员	
84	陈娘震		男		党员	池刀村赤卫队长	
85	黄娘东		男		党员	七区赤卫队员	
86	刘农		男			七区赤卫队员	
87	黄家琛		男			池刀村赤卫队员	
88	陈娘碑		男		党员	七区赤卫队员	
89	陈妈得		男			七区赤卫队员	
90	陈义学		男			七区赤卫队员	
91	林子平		男			七区赤卫队员	
92	陈四郡	陈四清	男			七区赤卫队员	

（续表）

序号	姓名	别名	性别	籍贯	党团员	牺牲前单位、职务	牺牲时间
93	陈娘岁		男			七区赤卫队员	
94	黄惜		男		党员	七区赤卫队员	
95	陈名就	陈明昇	男			七区赤卫队员	
96	姚妈员	姚义团	男	田墘内湖	党员	捷胜区赤卫队长	
97	赖四虾		男			七区赤卫队长	
98	郑七		男		党员	七区农民自卫军中队长	
99	彭闯		男	田墘一村		七区赤卫队员	第一、第二次国内革命战争时期
100	曾广伍		男	田墘三村	党员	七区赤卫队通讯员	
101	吴堪		男		党员	七区赤卫队训练队长	
102	李培新		男	田墘一村		七区苏维埃执委	
103	王传祝		男	田墘外湖		埔上村赤卫队员	
104	陈穗		男	田墘红湖		红湖村赤卫队员	
105	赖妈励		男			内湖乡赤卫队员	
106	陈庆		男	田墘内湖		七区农民自卫军队员	
107	罗宏振		男	田墘六村	党员	埔仔洞赤卫队副队长	
108	陈长排		男	田墘三村		田墘三村赤卫队长	
109	林谋	林燕奕	男	田墘外湖		东江纵队战士	抗日战争时期
110	吴文英		男	田墘石新		粤赣湘边纵队三连排长	解放战争时期

（续表）

序号	姓名	别名	性别	籍贯	党团员	牺牲前单位、职务	牺牲时间
111	吴娘坑		男	田墘北山		粤赣湘边纵队一支五团战士	解放战争时期
112	吴丰宇		男	田墘石新		地下工作者	
113	周 必		男	田墘南联		海陆丰人民自卫队战士	
114	李妈意		男	田墘外湖		东江纵队联络员	
115	翁佛涵	翁 越	男	田墘四村	党员	广州航政局主任委员	
116	黄 活		男	田墘七村		陆丰西岭交通站站长	
117	曾银江		男	田墘三村		解放军少尉财务助理员	社会主义革命和建设时期
118	李明彩		男	田墘一村		志愿军战士	
119	游家遇		男	田墘六村		解放军战士	
120	刘 法		男	田墘七村		志愿军战士	
121	石 福		男	遮浪东尾		八区农会会长	第一、第二次国内革命战争时期
122	石 冰		男			八区农会会长	
123	陈道耀		男	遮浪水龟寮		八区农会会员	
124	许赖病		男			八区农会会员	
125	罗章彩		男	遮浪东尾	党员	八区农会执委	
126	许 转		男			桂林村农会会员	
127	安华脑		男	遮浪桂林		桂林村农会会员	
128	安木魁		男			桂林村农会会员	
129	朱 古		男			桂林村农会会员	

（续表）

序号	姓名	别名	性别	籍贯	党团员	牺牲前单位、职务	牺牲时间
130	童德昌		男	遮浪合港	党员	八区赤卫队东西路总指挥	第一、第二次国内革命战争时期
131	胡妈扛		男	遮浪居委会		八区赤卫队员	
132	罗娘见		男	遮浪东尾		八区赤卫队员	
133	罗　宽		男	遮浪东尾		八区赤卫队员	
134	罗伯熊		男			八区赤卫队员	
135	胡金仲		男	遮浪四石柱		田寮村赤卫队员	
136	黄合梅	黄学梅	男	遮浪合港		八区财政管理	
137	安娘油		男			桂林村农会会长	
138	安妈钉		男	遮浪桂林		八区赤卫队员	
139	安　行		男			八区赤卫队员	
140	许奕得		男	遮浪水龟寮		八区赤卫队东路总指挥	
141	曾广赎		男	遮浪居委会		遮浪工会会长	
142	黄妈阶		男	遮浪水龟寮		八区赤卫队员	
143	安　右		男			桂林村农会会员	
144	安华隆		男	遮浪桂林		桂林村农会会员	
145	岳　松		男			游击队	解放战争时期
146	蒲杰雄		男	遮浪居委会	党员	武警广西总队二支队排长	社会主义革命和建设时期

（续表）

序号	姓名	别名	性别	籍贯	党团员	牺牲前单位、职务	牺牲时间
147	刘家聚		男	东洲湖东	团员	湖东村赤卫队班长	第一、第二次国内革命战争时期
148	林 竹	林开笋	男	东洲东一		东一村农会会长	
149	张妈照	张辉明	男			湖东村农会会长	
150	吕君穆		男	东洲东三	党员	东洲坑乡农会会长	
151	张令勤		男			湖东村农会副会长	
152	余定全		男	东洲东一		东洲坑乡赤卫队员	
153	黄学称		男	东洲东二		东洲坑乡赤卫队长	
154	林奇喻		男	田墘六村		七区赤卫队员	
155	安宝华		男	遮浪桂林		桂林东联村农会会长	

注：上表抄录自1982年广东省民政厅编《革命烈士英名录》及1982年后广东省政府颁发的革命烈士证明书和民政部门有关内部资料。

红海湾革命歌谣

田仔骂田公

（这首歌谣为彭湃 1922 年所作）

（一）

咚呀！咚！咚！

田仔①骂田公②，

田仔耕田耕到死，

田公着厝③吃白米！

做个④颠倒⑤饿，

懒个颠倒好。

是你唔知想⑥，

唔是命不好。

农夫呀！醒来！

---

① 田仔：农民，佃农。
② 田公：地主。
③ 着厝：在家。着：在；厝：家。
④ 做个：干活的。做：干活；个：的。
⑤ 颠倒：反而。
⑥ 唔知想：不懂得想。唔：不；知：知道、懂得。

农夫呀！嫑愗①！

地是天作，

天还天公！

你无份！

佤②无份！

有来耕，

有来食，

无来耕，

就请歇③！

（二）

咚呀！咚！咚！

田仔骂田公。

田仔做到死，

田公食白米。

咚呀！咚！咚！

田仔拍④田公。

田公唔知死，

田仔团结起。

团结起来干革命，

革命起来分田地；

---

① 嫑愗：不要傻。愗：傻。

② 佤：我。

③ 请歇：请你停止（吃白米）。歇：停。

④ 拍：打。

你分田，佤分地，
有田有地真欢喜，
免①食番薯食白米。
咚呀！咚！咚！
田仔拍田公；
田公四散走②，
搭③包斗；
包斗大大个④，
割粟⑤免用还。

分田歌

（彭湃）

分田地来分田地，
田地分来无差异，
肥瘠⑥先分配，
远近皆一体；
不分多与寡，
劳动合规矩。
且看从前旧社会，
富人享福穷人死。
皆因制度坏，

---

① 免：不用。
② 四散走：四处逃走。
③ 搭：拿。
④ 大大个：大大的。
⑤ 割粟：割水稻。
⑥ 肥瘠：肥沃的和贫瘠的。

生出豪绅与地主；

强占天然公有地，

屠杀农民肥家己①。

此苦绵绵长千年，

数千年来数千年，

今日劳动夺政权，

打倒豪绅与地主，

还佤②农民自耕田。

自耕田来自耕田，

大家努力齐向前。

抗债歌

（彭湃）

债欠多，

田割无，

地主佬来上门讨。

讨呀，讨无钱，

牵猪③剥鼎④真惨凄，

大人想去死，

郎仔⑤哭啼啼。

地主收租食白米，

---

① 家己：自己。

② 佤：我。

③ 牵猪：把猪牵走。

④ 剥鼎：把铁锅抬走。鼎：铁锅。

⑤ 郎仔：小孩。

耕田之人饿走死；

土豪劣绅来压迫，

匪军又来抢，

农民真惨凄。

一年到头食唔饱①，

镰刀放落②瓮生丝③。

俺大家团结起，

土豪劣绅来压迫，

敌人敢来抢啊，

共同合力刣死伊！

海丰七区赤色乡

（佚名　陈成基口吟　陈锤记录整理）

北山④赤卫队前头军，

埔上⑤勇士大闻名。

池兜⑥农会队伍大，

东尾⑦团结又斯文。

---

① 食唔饱：吃不饱。

② 放落：放下。

③ 瓮生丝：装米的瓮结了蛛丝；形容瓮里缺米的时间长。

④ 北山：村名，现田墘街道北山村。

⑤ 埔上：村名，现田墘街道埔上村。

⑥ 池兜：村名，现田墘街道内湖村委池兜村。

⑦ 东尾：村名，现遮浪街道东尾村。

分田分地真欢喜

（佚名　陈锤记录整理）

鸡安①喔喔啼，
叫醒通②乡里；
锄头带竹篙③，
分田分地真欢喜。

地主恶霸无良心

（佚名　罗章聪口吟　陈锤整理）

地主地主无良心，
更心革事④坑农民。
大斗收入细⑤斗出，
歹心失德积金银。

渔霸渔霸无良心，
更心革事坑渔民。
大秤顶⑥入细秤出，
一家大富千家贫。

商家商家无良心，

---

① 鸡安：公鸡。
② 通：全。
③ 竹篙：竹竿，当时用来丈量土地的工具。
④ 更心革事：地方土语，千方百计的意思。
⑤ 细：小。
⑥ 顶：称。

辍人唔北①坑良民。

五成买入十足卖②，

一本万利洋楼新。

世上恶人一样心，

自己幸福别人贫。

农民渔民团结起，

参加农会日月新。

好人罗章彩

（佚名）

好人罗章彩③，

跟着阿彭湃，

喊④俺入农会，

会员好气派。

日时⑤盖仔笠⑥，

出门系红带⑦。

堵⑧着恶霸来，

---

① 辍人唔北：地方土语，认为人不知道、不懂得的意思。

② 十足卖：以十足卖出。

③ 罗章彩：东尾村农会会长，后牺牲。

④ 喊：叫、动员。

⑤ 日时：白天。

⑥ 盖仔笠：渔民戴的竹笠。

⑦ 红带：红布条，当时农会会员的标记。

⑧ 堵：碰、遇。

家己①企②头前。

坚决将伊消灭掉

（佚名　魏就口吟　陈锤整理）

日本鬼仔真正枭，

走入乡里③奸抢搜，

农民兄弟团结起，

坚决将伊④消灭掉。

英烈热血染红楼

（佚名　罗章雄口吟　陈锤整理）

龟龄⑤海贼无天良，

勾结日本鬼子更凶残。

白日欺负众船只，

晚上入乡逞猖狂。

上面⑥来了合作军⑦，

打到海贼头昏昏。

沿海民众皆欢喜，

人人称赞合作军。

风雨所迫住田墩，

---

① 家己：自己。
② 企：站。
③ 乡里：村庄。
④ 伊：他，他们。
⑤ 龟龄：指龟龄岛。
⑥ 上面：指上级。
⑦ 合作军：指当时国共合作时的抗日军队。

日本鬼仔使暗招。

勇士疲累苦应战，

英烈热血染红楼。

七区人民眼泪流，

誓为英烈报深仇。

锄头铁搭竹篙串，

打得敌人狗命休。

田墘人民孬欺负

（佚名　魏氏口吟　陈锤记录整理）

一九四三年，

日本鬼子入田墘①；

雨仔湿阿湿②，

机关枪哒哒哒。

田墘人民孬③欺负，

铜锣一响叱④掠⑤贼，

惊到鬼子泄屎尿，

走逃无路跋⑥落⑦学⑧。

---

①　田墘：地方名，现田墘街道所在地。

②　湿阿湿：小雨淅淅沥沥地下。

③　孬：不好。

④　叱：大声喊。

⑤　掠：抓。

⑥　跋：跌倒。

⑦　落：掉下。

⑧　学：厕所。

附录七 红海湾经济开发区获得荣誉简表

序号	时间	荣誉	获奖单位、地方	颁奖部门
1	2016 年 8 月	国家海洋公园	遮浪半岛	国家海洋局
2	2017 年 8 月	国家帆船广东体育训练基地	广东省海上项目训练基地	国家体育总局
3	2017 年 11 月	第五届全国文明村	遮浪街道田寮村	中央文明办
4	2013 年 1 月	广东省滨海旅游产业示范园区	红海湾经济开发区	广东省人民政府
5	2014 年 6 月	广东"十大美丽海岛"	遮浪岩（灯塔岛）	广东省海洋与渔业局
6	2015 年 11 月	广东"十大美丽海岸"	遮浪半岛海岸	广东省海洋与渔业局
7	2016 年 8 月	国家 4A 级旅游景区	红海湾旅游区	广东省旅游景区质量等级评定委员会
8	2016 年 10 月	广东省海钓培训竞技比赛基地	红海湾区	广东省钓鱼协会
9	2016 年 11 月	首批"省级全域旅游示范区"创建县区	红海湾区	广东省旅游局

（续表）

序号	时间	荣誉	获奖单位、地方	颁奖部门
10	2017 年 6 月	广东省第二批"互联网+创建小镇"	红海湾区	广东省经济和信息化委员会
11	2017 年 8 月	"滨海运动特色小镇"创建示范单位	红海湾区	广东省发展和改革委员会
12	2017 年 11 月	"中国钓鱼俱乐部联盟休闲垂钓基地"	红海湾区	《游钓中国》组委会

附录八 红海湾籍被授予"汕尾荣誉市民"人士（已知）

杨万里 张 静 许子民 钟小健

张小兵 梁实琼 江贵庚

1. 海丰县地方志编纂委员会编：《海丰县志》（上、下册），广东人民出版社 2005 年版。

2. 惠州市地方志编纂委员会编：《惠州市志》（一、二、三、四册），中华书局 2008 年版。

3. 汕尾市地方志编纂委员会编：《汕尾市志》，方志出版社 2013 年版。

4. 汕尾市城区地方志编纂委员会办公室编：《汕尾市城区志》（1988～2007），方志出版社 2012 年版。

5. 中共海丰县委党史办公室、中共陆丰县委党史办公室编：《海陆丰革命史料》（第一、二、三辑），广东人民出版社 1986 年版。

6. 广东省社会科学联合会、广东省中共党史学会、中共陆丰县委党史办公室编、中共海丰县委党史办公室编：《海陆丰革命根据地研究》，人民出版社 1988 年版。

7. 中共海丰县委宣传部、党史研究室编：《不朽的丰碑》，人民出版社 1996 年版。

8. 《海陆丰历史文化丛书》编纂委员会编著：《海陆丰历史文化丛书》，广东人民出版社 2013 年版。

9. 中共海丰县委组织部、中共海丰县委党史研究室、海丰县档案馆合编：《中国共产党海丰县组织史资料》，广东人民出版社

1993 年版。

10．中共海丰县委党史研究室编印：《中国共产党海丰地方史》（第一卷），2002 年。

11．中共海丰县委党史研究室、中共汕尾市城区委党史研究室编：《中共海丰党史大事记》，广东人民出版社 1995 年版。

12．中共汕尾市城区委组织部、中共汕尾市城区委党史研究室、汕尾市城区档案局编：《中国共产党广东省汕尾市城区组织史资料》（1921.7—1996.7），中央文献出版社 1997 年版。

13．汕尾年鉴编纂委员会编：《汕尾年鉴》，1993—2019 年。

14．红海湾经济开发区管委会编制：《广东汕尾红海湾经济开发区"十三五"发展规划》。

　　汕尾红海湾区是革命老区，有着光辉的革命历史和优良的革命传统。在中国共产党的领导下为海陆丰革命斗争运动作出了巨大的贡献；自中华人民共和国成立以来，尤其是改革开放以来，经济社会不断发展。

　　为了贯彻落实习近平总书记2013年2月在兰州军区视察时的讲话"发扬红色资源优势，深入进行党史军史和优良传统教育，把红色基因一代代传下去"的重要指示，向中国共产党成立100周年献礼，红海湾区党工委、管委会高度重视传承红色基因，弘扬红色文化的工作，指定红海湾区老促会牵头，于2017年下半年开始，开展《汕尾红海湾经济开发区革命老区发展史》的编纂工作，从筹备、编写、评审等环节开始，就严格按照上级指示、史书编写原则和质量要求，切实加强指导督促，确保本书依时优质完成任务。

　　全书共八章20余万字，包括"红色热土　粤东新星"、"红旗前导　威震南疆"、"众志成城　抗倭灭寇"、"浴血奋战　终获新生"、"攻坚克难　起步发展"、"风雨兼程　崛起发展"、"砥砺奋进　跨越发展"、"乘势而上　高质发展"等八章，收录图片几十幅。

　　在《汕尾红海湾经济开发区革命老区发展史》的编写过程

中，还得到许多老领导、老同志以及在红海湾工作过的同志的支持和指导，也得到许多部门的有力帮助，经过编纂人员的辛勤劳作，近一年半时间的编撰，《汕尾红海湾经济开发区革命老区发展史》终于付梓出版。在此，对支持、关心和帮助此书编纂工作的党政领导和有关人士表示衷心的感谢！

红海湾的历史悠久，文化积淀深厚。《汕尾红海湾经济开发区革命老区发展史》较为集中地展现了红海湾革命老区人民在中国共产党领导下的奋斗历程，以及党的十八大以来的巨大成就。由于此书内容的时间跨度较长，涵盖范围广，原有史料缺失，编纂时间紧，又兼编者水平有限，此书还存在诸多不足，错误在所难免。敬请专家读者批评指正。

汕尾红海湾经济开发区革命老区发展史编委会
2020 年 6 月 8 日

广东人民出版社　党政精品图书

围绕中心，服务大局，做最具高度、深度和温度的主题出版物

中宣部主题出版重点出版物

《中华人民共和国通史》（七卷本）

· 全国第一部反映中华人民共和国70年光辉历程的多卷本通史性著作
· 中央党校、中央党史和文献研究院权威专家倾力打造

《账本里的中国》

一册册老账本，串起暖心回忆，讲述你我故事，体味民生变迁。

《全国革命老区县发展史丛书·广东卷》

· 挖掘广东120个革命地区的红色记忆
· 中国老区建设促进会牵头组织

《红色广东丛书》

· 广东省委宣传部重点主题出版物
· 传承红色基因，弘扬革命精神

本书配有智能阅读助手，为您1V1定制

《汕尾红海湾经济开发区革命老区发展史》阅读计划

帮助您实现"时间花得少，阅读体验好"的阅读目的

建议配合二维码一起使用本书

您可根据自己的学习需求，量身定制专属于您的阅读计划：

阅读服务方案	阅读时长指数	为您提供的资源类型	帮助您达到以下学习目的
1. 高效阅读	阅读频次 较低　每次时长 较短　总共耗费时长 ■	总结类	快速学习和掌握红色精神。
2. 轻松阅读	阅读频次 较高　每次时长 适中　总共耗费时长 ■■	基础类	简单了解革命老区的历史。
3. 深度阅读	阅读频次 较高　每次时长 较长　总共耗费时长 ■■■	拓展类	继承和发扬红色精神，推动老区发展。

针对您选择的阅读计划，您可以享受以下权益：

立刻获得的主要权益

▶ **专享本书社群服务：** 提供创造价值与私密的深度共读服务，群内分享阅读干货，发起话题探讨
▶ **1套阅读工具：** 辅助您高效阅读本书，终身拥有

每周获得的主要权益

▶ **专属热点资讯：** 16周社科文学类资讯推送，每周2次
▶ **精选好书推荐：** 16周文学社科热门好书推荐，每周1次

长期获得的主要权益

线下读书活动推荐： 精选活动，扩充知识开拓视野 不少于1次

抢兑礼品： 免费抽取实物大礼 不少于2次限时抽奖

微信扫码

添加智能阅读助手

只需三步，获取以上所有权益：
1. 微信扫描二维码；
2. 添加智能阅读助手；
3. 获取本书权益，提高读书效率。

❶鉴于版本更新，部分文字和界面可能会有细微调整，敬请包涵。